Fran Parkinson

Studiamo insieme

Progetto Lingua Edizioni
Via S. Reparata, 105
50129 Firenze, Italia

Tel/fax (+39) 055 48 66 44
www.progettolingua.it

ISBN 88-87883-18-1

Finito di stampare nel mese di maggio 2009 presso la Tipografia "Il David" di Firenze, per conto di Progetto Lingua Edizioni.

Volume stampato in Italia - Printed in Italy.

Idea! Uno

Corso di lingua italiana per stranieri

Livello elementare e intermedio
Con spiegazioni, esempi, esercizi e test di verifica

Catia Santi
Cecilia Ermini
Serena Valdiserri

Illustrazioni di
Marco D'Antonio

edizioni
Progetto Lingua
Firenze

Le rubriche di Idea! Uno

Idea! Facciamo il punto!

Spiegazioni grammaticali.

Attività > >> >>>

Esercizi grammaticali con tre livelli di difficoltà.
> facile >> medio >>> difficile.

Attività *Parliamo insieme*

Attività di conversazione.

Come si dice...

Vocabolario d'uso.

Parole parole...

Lessico.

Di tutto un po'

Lessico e applicazione della grammatica.

Punto e ... a capo!

Esercizi grammaticali riepilogativi.

E ora giochiamo!

Attività ludiche.

Un'idea in più

Attività aggiuntive da creare.

Italia & Italia

Cultura italiana varia.

Contenuti del corso

Unità 1

Quante parole!

Quante parole conosciamo della lingua italiana?

pizza / spaghetti / vino / arte / ciao / caffè / espresso / museo cappuccino / moda / come stai? / Bene, grazie / pomodoro

words you know

> **Quali sono le parole che conosciamo? Ne conosciamo altre?**

> **Scriviamole tutti insieme!** – together.

latte	largo di garda		
chianti	nessun dorma		
bellissimo	mamma mia		
la dolce vita	bella pasta		

> **Scegliamo insieme a un compagno tre parole che rappresentano l'Italia.**

> **Chiediamo aiuto all'insegnante per le parole che non conosciamo!**

teacher

spaghetti / vespa / vino / musei / gelato / caffè / cappuccino / pizza traffico / canzoni / arte / ristorante / cinema / pane / famiglia / moda

songs fashion

> **Altre parole?** other words?

> Ora cominciamo a parlare insieme ma ricordiamo queste frasi per chiedere qualcosa all'insegnante:

- Scusa, puoi ripetere?
- Come si scrive "......"?
- Puoi parlare più lentamente?
- Cosa vuol dire "......"? Cosa significa "......"?
- Non ho capito...
- Come si dice "......" in italiano?

> Cominciamo a conoscerci...

«Chi sei?»

- «Ciao, come ti chiami?»
- «Federico e tu?»
- «Io sono Noemi.»
- «Di dove sei Noemi?»
- «Di Firenze e tu?»
- «Sono di Bologna.»
- «Quanti anni hai?»
- «Tre, e tu quanti anni hai?»
- «Quattro, io sono grande!»

Attività 1 >

Rispondiamo alle domande:

Come ti chiami ? Mi chiamo Francesca
Di dove sei ? di Rawenstonedale
Quanti anni hai ? Quaranta sei anni

Attività 2 >>

Uniamo le domande alle risposte:

Di dove sei?	È di Bologna
Come ti chiami?	Abbiamo 3 anni
Di dov'è Noemi ?	È di Firenze
Di dov'è Federico?	Ha 4 anni
Quanti anni ha Federico?	Mi chiamo Alessandro
Quanti anni avete?	Sono di Siena

Idea! Facciamo il punto!

	Essere	Avere
io	**sono**	**ho**
tu	**sei**	**hai**
lui/lei/Lei	**è**	**ha**
noi	**siamo**	**abbiamo**
voi	**siete**	**avete**
loro	**sono**	**hanno**

I
You
He/She/You
We
You-plural
They

- *Di dove **sei**?*
- ***Sono** di Siena.*
- *Alessio **è** di Roma.*
- ***Sei** di Livorno?*

- *Quanti anni **hai**?*
- ***Ho** due anni.*
- *Lei **ha** una sorella.*
- *Loro **hanno** un fratello.*

Attività 3 >>

Completiamo con il verbo «essere».

1) Io ___sono___ di Milano e tu, di dove ___sei___?
2) Luisa ___è___ di Modena e Leila ___è___ di Siena.
3) Noi ___siamo___ studenti e lui ___è___ il nostro insegnante.
4) Voi, di dove ___~~avete~~___? (Noi) ___~~abbiamo~~___ di Firenze. siete / siamo
5) Sandro e io ___sono___ amici.

Attività 4 >>

Completiamo con il verbo «avere».

1) Quanti anni ___hai___ ? ___Ho___ quattro (4) anni.
2) Sara ___ha___ solo diciotto (18) anni.
3) Noi ___abbiamo___ ventidue (22) anni e voi quanti anni ___avete___ ?
4) Io ___ho___ due gelati.
5) Giorgio e Sandro ___hanno___ una macchina nuova.
new car

Attività 5 >>>

Inseriamo il verbo «essere» o il verbo «avere».

1. Max __ha__ due cani e tre gatti.
2. Luisa e Giorgio __~~hanno~~ sono__ di Torino.
3. Katia __e'__ russa di Mosca e __ha__ 27 anni.
4. Iacopo __ha__ molti amici.
5. Voi __siete__ francesi, ma loro __sono__ portoghesi.
6. Franco e Maurizio __hanno__ due macchine italiane.
7. Tu __sei__ simpatica.
8. Tu e Riccardo __siete__ 18 anni.
9. Eva __ha__ proprio bella e intelligente.
10. Io __sono__ uno studente.
11. Lara e Marta __sono__ studentesse di italiano.
12. Noi __siamo__ una casa molto bella.

«Ciao!»

- «Ciao, mi chiamo Alex, sono spagnolo di Madrid. Ho 22 anni e sono studente.»
- «Piacere, io sono Sarah e sono americana di New York. Ho 21 anni e sono studentessa. Questa è la mia amica Amy.»
- «Piacere. Anch'io sono studentessa, sono inglese di Oxford.»

Attività 6 >>>

Presentiamoci alla nostra classe.
Di che nazionalità sono i nostri compagni? Sottolineiamo le nazionalità presenti nella classe e aggiungiamo quelle mancanti.

spagnoli / inglesi / americani / francesi / messicani / russi / svedesi

German - Tedesco | Dutch - olandese
Switzerland - svizzera | Welsh - Gallese
Irish - Irlandese | Canadian - Canadese

Idea! Facciamo il punto!

> Hai notato gli aggettivi di nazionalità?

Singolare		Plurale	
Maschile	**Femminile**	**Maschile**	**Femminile**
americano	americana	americani	americane
italiano	italiana	italiani	italiane
messicano	messicana	messicani	messicane
russo	russa	russi	russe
croato	croata	croati	croate
spagnolo	spagnola	spagnoli	spagnole
svizzero	svizzera	svizzeri	svizzere
inglese	inglese	inglesi	inglesi
giapponese	giapponese	giapponesi	giapponesi
portoghese	portoghese	portoghesi	portoghesi
francese	francese	francesi	francesi

> Qual è la regola generale degli aggettivi?

Eccola!

singolare «o» ⇒ plurale «i»
singolare «a» ⇒ plurale «e»
singolare «e» ⇒ plurale «i»

Attenzione, però: non è sempre così!

greco	greca	greci	greche.
belga	belga	belgi	belghe.
tedesco	tedesca	tedeschi	tedesche.

...e altri ancora.

Attività 7 >>

Scriviamo le nazionalità:

Es. Mirna è di Cracovia. È polacca.

Michael è di Boston. È Americano
Giorgio è di Roma. È italiano
Antoine è di Parigi. È francese
Beatriz è di Berlino. È Tedesca
Sarah è di Amsterdam. È olandese
Mayumi è di Tokyo. È giapponese
Marcelo è di Lisbona. È portoghese
Margit è di Zurigo. È svizzera
Darko è di Zagabria. È Croato
Helle e Uffe sono di Oslo. Sono Norvegesi
Bo-Han e Yun-Lee sono di Seul. Sono giapponesi
Anna e Maria sono di Stoccolma. Sono Svedesi

Attività 8 >>

Scriviamo la nazionalità di ogni Paese: country

Es. Croazia: croato/a.

Italia	italiano/a	Cina	cinese chinese.
Francia	francese	Germania	tedesco/a
Stati Uniti	americano/a	Svezia	svedese
Spagna	spagnolo/a	Australia	australiano/a
Svizzera	svizzero/a	Messico	messicano/a

Attività 9 >>

Scriviamo il Paese di ogni nazionalità:

Es. Croazia croato/a.

Grecia	greco/a	Inghilterra	inglese
Giappone	giapponese	Turchia	turco/a
Russia	russo/a	Portogallo	portoghese
Brasile	brasiliano/a	Canadá	canadese
Danimarca	danese	Olanda.	olandese

Gente d'Italia

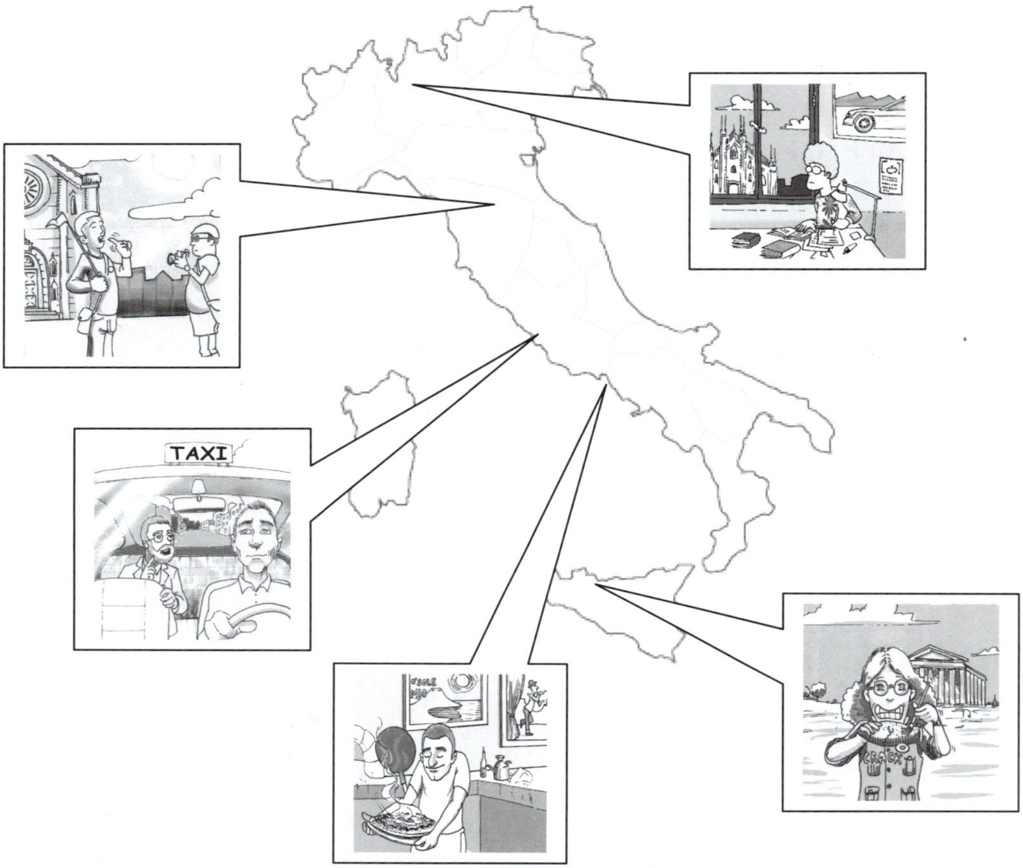

Bartolomeo, 22 anni **di Milano**, studente (**milanese**); **Iacopo**, 25 anni **di Firenze**, guida turistica (**fiorentino**); **Lando**, 27 anni **di Roma**, tassista (**romano**); **Gennaro**, 24 anni **di Napoli**, pizzaiolo (**napoletano**); **Rosaria**, 26 anni **di Palermo**, archeologa (**palermitana**).

taxi driver

Es. Bartolomeo ha 22 anni, è studente ed è milanese.

> Conosci qualche città italiana?

> Come si chiamano gli abitanti di quella città? Prova a scriverli!

Es. Milano milanesi

?

Firenze	fiorentino/fiorentini	Palermo	palermitana/i	
Roma	romano/romani			
Napoli	napoletano/i			

«Ciao» da un italiano

«Ciao! Mi chiamo Giulio e sono bolognese, ma i miei genitori non sono di Bologna: mio padre è genovese e mia madre è veneziana. Io ho 22 anni e mio fratello Luca ha 12 anni.»

Attività 10 >

Di dov'è Giulio?	È di	Bologna	(nome della città)
Di dov'è suo padre?	È di	Ginevra	" "
Di dov'è sua madre?	È di	Venezia	" "
Quanti anni ha Giulio?		22	
Quanti anni ha Luca?		12	

Idea! *Facciamo il punto!*

I numeri:

0 zero	**10** dieci	**20** venti	**30** trenta
1 uno	**11** undici	**21** ventuno	**40** quaranta
2 due	**12** dodici	**22** ventidue	**50** cinquanta
3 tre	**13** tredici	**23** ventitré	**60** sessanta
4 quattro	**14** quattordici	**24** ventiquattro	**70** settanta
5 cinque	**15** quindici	**25** venticinque	**80** ottanta
6 sei	**16** sedici	**26** ventisei	**90** novanta
7 sette	**17** diciassette	**27** ventisette	**100** cento
8 otto	**18** diciotto	**28** ventotto	**200** duecento
9 nove	**19** diciannove	**29** ventinove	**300** trecento...

1.000 mille

10.000 diecimila

100.000 centomila

1.000.000 un milione

1.000.000.000 un miliardo

Attività 11 >>>

Facciamo le frasi!

Es. John / Chicago / 22 anni / studente.

Mi chiamo John, sono americano di Chicago. Ho 22 anni e sono studente.

1. Tamara / Miami / 24 anni / studentessa.

____

2. Marino / Pisa / 30 anni/ insegnante.

____

3. Juan / Barcellona / 25 anni / cantante.

____

4. Antoine / Parigi / 22 anni / studente.

____

5. Kathia / Copenaghen / 32 anni / attrice.

____

6. Lena / Amsterdam / 26 anni / cuoca.

____

Parole parole...

Abbiniamo ↷ le parole ai disegni, e chiediamo poi all'insegnante le parole che non conosciamo:

frutta | verdura | acqua | biglietto | panino | telefono | cellulare | cartolina | zaino | lattina di birra | francobollo

Chiediamo all'insegnante una parola che vogliamo conoscere.

Es. Come si dice  *in italiano?*

Per sapere come si scrive, guardiamo l'alfabeto italiano qui sotto:

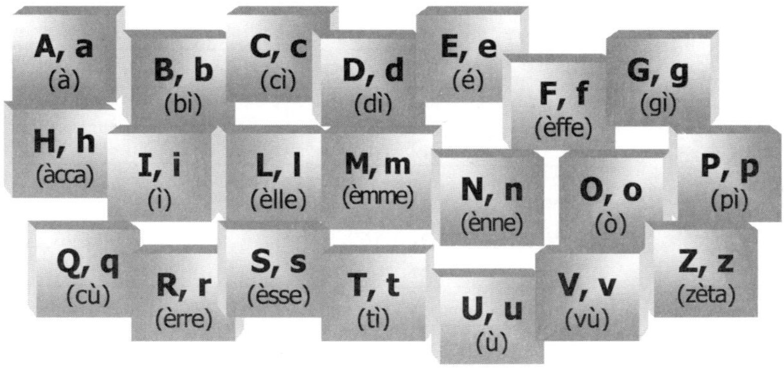

Attenzione:

J, **j** (ì lunga); **K**, **k** (càppa); **X**, **x** (ics); **Y**, **y** (ìpsilon / ì greca); **W**, **w** (vù doppia) **sono lettere straniere !**

Al telefono

- «Pronto! Scuola "Giuseppe Garibaldi", buongiorno.»
- «Buongiorno, telefono per iscrivermi al corso di lingua italiana.»
- «Le dispiace dirmi il suo nome?»
- «Mi chiamo Sarah Mawl. Sono australiana.»
- «Sarah con l'acca?»
- «Sì.»
- «Mi sillaba il cognome, per favore?»
- «"M" di Milano, "A" di Ancona, "doppia W" di Washington, "L" di Londra.»
- «Bene, ho capito. Grazie.»

In italiano si usano le città per sillabare le parole (Nomi, Cognomi, indirizzi difficili da capire, ...).
Qualche volta si usano i nomi di persona.

Es. Mawl: "M" di Mario, "A" di Alessia, "W" di Walter, "L" di Laura.

Qualche - some } sometimes
Volta - time

Attività 12 (a coppie) >>

Ora, a coppie, proviamo a sillabare i seguenti nomi e cognomi.

Mario Brambilla ______________________________
Luisa Segantini ______________________________
Antonio Vicariello ______________________________
Beatrice Ballerini ______________________________
Riccardo Buonvicini ______________________________
Salvatore Cuomo ______________________________

Adesso, proviamo con i nostri nomi e cognomi!

__________ ______________________________
__________ ______________________________

E ora giochiamo!

Dividiamo la classe in due squadre. Ciascuna squadra, a turno, sillaba una parola (nome, aggettivo, città o nome di persona, ecc...) e la squadra avversaria deve scriverla correttamente alla lavagna.
Vince la squadra che sbaglia meno.

Buon divertimento!

Come si dice...

Avere & Essere

ho fame
ho sete
ho sonno
ho fretta
ho paura
ho caldo
ho freddo

sono stanco/a
sono arrabbiato/a
sono triste
sono felice
sono annoiato/a
sono contento/a
sono stufo/a

> Raccontiamo come ci sentiamo, e poi domandiamo ai nostri compagni.

Es. Ho caldo, e tu hai caldo? No, io ho fame e tu?

____

____

____

____

Di tutto un po'

Un po' di matematica...

+ (più); **–** (meno); **:** (diviso); **x** (per); **=** (uguale / fa).

Es. 4 + 7 = 11 (quattro più sette uguale undici / fa undici).

12+15 = dodici più quindici fa	39 – 17 = ________
10+ 9 = ________	50 – 13 = ________
44+ 7 = ________	29 – 10 = ________
20 : 10 = ________	11 x 6 = ________
48 : 12 = ________	10 x 10 = ________

Punto e ... a capo!

choose the right phrase

Scegliamo la frase giusta!

1a. Come ti chiami?
1b. Come chiami?

2a. Io sono di Italia.
2b. Io sono di Firenze.

3a. Monica è italiano.
3b. Monica è italiana.

4a. Giovanni è 24 anni.
4b. Giovanni ha 24 anni.

5a. Sono fame e tu?
5b. Ho fame e tu?

6a. Margareth è inglese.
6b. Margareth è inglesa.

7a. Yumi è giapponesa.
7b. Yumi è giapponese.

8a. Come si dice "day" in italiano?
8b. Come si dice "day" a italiano?

9a. Sette più undici fa diciotto.
9b. Sette più undici fa diciannove.

10a. Milano e Roma sono grande città.
10b. Milano e Roma sono grandi città.

Unità 2

Nella nostra città.

Al bar

- «Buongiorno.»
- «Buongiorno, desidera?»
- «Un caffè macchiato e un cornetto, grazie.»
- «Subito... ecco il caffè e il cornetto.»
- «Grazie... quant'è?»
- «1 euro e 65 centesimi.»
- «Mi dispiace non ho spicci.»
- «Non c'è problema... ecco il resto... e arrivederLa»
- «Grazie, arrivederLa.»

Attività 1 >>>

Scegliamo una delle situazioni proposte e costruiamo un dialogo.

Edicola / biglietto autobus / 1 euro	Cartoleria / penna / 2 euro e 10

Attività 2 >

Eliminiamo l'intruso!

BAR

Caffè; bicchiere di vino; panino; libro; birra; gelato.

EDICOLA - newstand

Giornale; rivista; succo d'arancia; biglietto dell'autobus; libro.

magazine

Attività 3 >

Colleghiamo le frasi alle situazioni.

Buon viaggio	Al ristorante
Buon appetito	A letto
Buongiorno	In ufficio
Salve a tutti!	A scuola
Buona notte	Alla stazione

Idea! *Facciamo il punto!*

La "forma di cortesia" si esprime con la IIIª persona singolare femminile (Lei).

- «Buongiorno signor Rossi, come sta?»
- «Bene, e Lei?»
- «Non c'è male, grazie.»
- «ArrivederLa.»
- «ArrivederLa.»

- «Ciao Paolo, come stai?»
- «Bene, e tu?»
- «Abbastanza bene.»
- «Ciao, a presto.»
- «Ciao.»

> Quali sono le differenze tra i due dialoghi? Cerchiamole tutti insieme!

Attività 4 (a coppie) >>>

Costruiamo, a coppie, due dialoghi: uno formale e uno informale.

- «Buona sera.»
- «____________________»
- «____________________»
- «____________________»
- «____________________»

- «Ciao.»
- «____________________»
- «____________________»
- «____________________»
- «____________________»

La mia piccola casa in montagna

Questa è la mia casa in montagna. È piccola ma molto carina. La foto è vecchia, in bianco e nero, ma il tetto è rosso e le finestre sono verdi. La porta è marrone e il camino nero. Il giardino è grande e pieno di fiori. Bella, vero?

Attività 5 >

Uniamo le due parti.

La casa è…
Il tetto è…
Le finestre sono…
La foto è…
Il giardino è…

grande | verdi | piccola | vecchia | rosso

Idea! *Facciamo il punto!*

> Hai notato gli articoli e i nomi nel testo?

Come gli aggettivi, anche i nomi e gli articoli sono maschili o femminili, singolari o plurali.

ARTICOLO DETERMINATIVO

Singolare		Plurale	
Maschile	**Femminile**	**Maschile**	**Femminile**
IL TETTO	LA CASA	I TETTI	LE CASE
L'ALBERO	L'AMICA	GLI ALBERI	LE AMICHE
LO STUDENTE		GLI STUDENTI	

Come vediamo, c'è una **l'** tutte le volte che abbiamo una parola al singolare che comincia per vocale, e un **lo** quando una parola maschile inizia per: **s + consonante**, **z**, **ps**, **gn**, **x** e **y**.

Es. L'uovo; l'amica; lo studente; lo zio; lo psicologo; lo gnocco; lo xilofono; lo yogurt.

Attività 6 >>

Inseriamo l'articolo giusto.

la Femminile

___ casa
___ finestra
l' amica
___ pizzeria
l' acqua
___ scuola
l' arte
___ bottiglia
___ rivista
___ montagna
___ campagna
___ sedia
___ cucina

il Maschile

___ tetto
lo studente
l' amico
___ ristorante
l' albero
___ panino
lo yogurt
___ giornale
___ cappuccino
___ camino
lo stadio
___ tavolo
___ quadro painting/picture

Parole parole...

Dalla finestra della mia camera vedo...
from the window of my bedroom i see

gli alberi; i bambini in bicicletta; le macchine; i fiori; le panchine; la fermata dell'autobus; gli studenti; i cespugli; la palla; la fontana; il monumento; il vigile; la strada; l'edicola; la chiesa; le case; i tetti delle case.
the road roofs of the houses.

Cosa vediamo dalla finestra della classe? Scriviamolo insieme!

______________________ ______________________
______________________ ______________________
______________________ ______________________
______________________ ______________________
______________________ ______________________
______________________ ______________________

Idea! Facciamo il punto!

Ti ricordi quello che abbiamo detto sugli aggettivi?

singolare «o» ⇒ plurale «i»
singolare «a» ⇒ plurale «e»
singolare «e» ⇒ plurale «i»

Anche per i nomi la regola non cambia!

	SINGOLARE	PLURALE
MASCHILE	TETTO	TETTI
	STUDENTE	STUDENTI
FEMMINILE	CASA	CASE
	CHIAVE	CHIAVI

Nota: Nella lingua italiana (ahimè!) ci sono molte eccezioni a questa regola!

Attività 7 >>>

Trasformiamo le seguenti frasi dal singolare al plurale.

La casa ha il tetto rosso ____________________
Il bambino ha 5 anni ____________________
Lo studente è sloveno ____________________
Il fiore è profumato ____________________
La scuola è molto grande ____________________
La ragazza è di Firenze ____________________
La porta è marrone ____________________
La bicicletta è nuova ____________________
La pizza è piccante ____________________
Il tavolo è lungo ____________________
La signora è gentile ____________________

Attività 8 >>>

Costruiamo delle frasi con i nomi e gli aggettivi, e poi mettiamole al plurale.

Es. Il ragazzo è felice - I ragazzi sono felici.

Nomi:
il ragazzo; la ragazza; il giardino; il gelato; la porta; l'insegnante; il cuore; la lezione; il latte; lo studente; la bambina; il bambino.

Aggettivi:
rosso; bella; verde; nera; buono; contenta; annoiato; allegro; interessante; bianco; stanca; felice.

Di tutto un po'

Ho i capelli:	biondi	castani	neri	bianchi
	ricci	lisci	lunghi	corti
Ho gli occhi:	azzurri	marroni	verdi	grigi
	grandi	piccoli	a mandorla	
Ho il naso:	lungo	piccolo	largo	regolare
Ho la bocca:	grande	piccola	carnosa	sottile

Ora, descriviamoci alla classe!

E ora giochiamo!

Descriviamo alla classe un nostro compagno cominciando così la frase: "questa persona è... questa persona ha..."
La classe deve capire chi è la persona che viene descritta.

Buon divertimento!

La mia migliore amica

Sabrina è la mia migliore amica. È di Roma, ha 22 anni ed è molto simpatica. Ha i capelli biondi e lisci e gli occhi neri e grandi. È alta e ha un fisico felliniano: è veramente bella. Io invece mi chiamo Sara, sono di Firenze e ho 21 anni. Sono molto timida e per questo ho pochi amici. Ho i capelli neri e ricci e gli occhi azzurri. Sono bassa e magra e porto gli occhiali.

> Chi è Sabrina?
> Chi è Sara?

> Scriviamo di noi e di un nostro amico o di una nostra amica, ricordando che non è gentile dire, per esempio, "brutto/a"; "grasso/a" o "vecchio/a". È meglio dire "non molto bello/a"; "robusto/a" o "non più giovane".

____

____

____

Di tutto un po'

Aggettivi contrari

bello	> brutto	economico	> caro
lontano	> vicino	giovane	> vecchio (anziano)
veloce	> lento	intelligente	> stupido
amaro	> dolce	pesante	> leggero
antico	> moderno	simpatico	> antipatico

E ora continuiamo da soli con questi aggettivi:

grande >	__________	alto >	__________
nero >	__________	grasso >	__________
cattivo >	__________	nuovo >	__________

Italia & Italia

Ma come sono gli Italiani?

> In Italia si usa definire gli abitanti di queste città con un aggettivo che spesso crea uno **stereotipo**.

> Proviamo ad abbinare queste definizioni con le città indicate nella cartina d'Italia.

avari; lavoratori; snob; geniali; ospitali; orgogliosi; allegri; amiconi; esperti marinai; presuntuosi; furbi; confusionari.

> Ora, proviamo a cercare aggettivi ed espressioni per definire gli abitanti della città dove siamo adesso.

____

____

> Definiamo gli abitanti del nostro Paese di origine.
> Ci sono degli stereotipi?

____

____

Stazione centrale!

Siamo alla stazione. Alla stazione **c'è** il capostazione, **ci sono** i treni e i binari. **C'è** l'edicola con giornali e riviste. **C'è** la biglietteria con tante persone. **Ci sono** due studenti con gli zaini davanti al binario. **Ci sono** un fast-food e una farmacia.

Attività 9 >>

Al parco!

> **Cosa c'è nel parco? Descriviamo la scena.**

le panchine; i bambini; gli alberi; i fiori; la fontana; la strada; il chiosco; la fermata dell'autobus; due cani; un vigile; lo scivolo; la signora; l'altalena; altri giochi per bambini.

> Ora pensiamo a una piazza, un parco o una strada, e descriviamola.
> Cosa c'è di particolare?

Come si dice...

Abbiniamo il colore giusto nelle seguenti espressioni:

Bianco come la ____________ (neve / pioggia / montagna).
Giallo come il ____________ (vento / sole / mare).
Azzurro come il ____________ (vento / cielo / arcobaleno).
Dolce come lo ____________ (zucchero / pane / pizza).
Aspro come un ____________ (limone / mela / caffè).

Ora proviamo a creare espressioni con le parole della natura.

collina · montagna · mare · cascata · luna · arcobaleno · sole · pioggia · bosco · nuvole

______________________ ______________________
______________________ ______________________
______________________ ______________________

E ora giochiamo!

L'insegnante prepara dei cartoncini con articoli, nomi e aggettivi che formano abbinamenti corretti. Distribuisce un articolo, un nome e un aggettivo a ciascuno studente, che deve ricostruire l'insieme esatto, scambiando i cartoncini con gli altri studenti. Tempo necessario: circa 10 minuti.
La correzione può essere fatta dagli stessi studenti.

Buon divertimento!

Punto e ... a capo!

Inseriamo l'articolo corretto e la giusta vocale finale agli aggettivi.

1. ____ fiore è giall_ e verd_
2. ____ cielo è azzurr_
3. ____ bosco è pien_ di alberi
4. ____ mare è grand_
5. ____ luna è bianc_
6. ____ sedia è comod_
7. ____ libro è interessant_
8. ____ sole è cald_
9. ____ caffè è amar_
10. ____ zaino è pesant_
11. ____ vento è fredd_
12. ____ pioggia è noios_
13. ____ lago è profond_
14. ____ amici sono simpatic_
15. ____ corso è facil_
16. ____ montagna è alt_

Unità 3

Parliamo di noi.

Una lettera di presentazione

«Mi chiamo Thomas Stuart e sono inglese di Liverpool. Ho 18 anni, sono alto 1,89 e ho gli occhi azzurri e i capelli biondi. Studio letteratura all'università di Cambridge e sono in Italia per migliorare la lingua italiana.
Nel tempo libero gioco a pallavolo, suono la chitarra e guardo la TV.
Ho tanti amici perché sono un tipo simpatico.»

Attività 1 >>

Rispondiamo alle domande.

Di dov'è Thomas? ____________________

Quanti anni ha? ____________________

Com'è Thomas? ____________________

Dove studia? ____________________

Cosa studia all'università? ____________________

Perché è in Italia? ____________________

Cosa fa nel tempo libero? ____________________

Perché ha tanti amici? ____________________

Attività 2 >>>

Usando le informazioni qui sotto, scegliamo uno dei due personaggi e scriviamo una descrizione simile a quella di Thomas.

Sarah: americana; Los Angeles; 19 anni; 1,66; capelli castani; occhi verdi; studentessa universitaria; Università di San Diego; arte; violino.

Sabine: tedesca; Berlino; 24 anni; 1,77; capelli biondi; occhi castani; studentessa universitaria; Università di Mannheim; economia; pianoforte.

Mi chiamo ____

____

Mi chiamo ____

____

Idea! *Facciamo il punto!*

Hai notato alcuni verbi usati da Thomas ("studio"; "suono"; "guardo")?

I verbi italiani si dividono in tre gruppi detti "**coniugazioni**":

Gruppo **-ARE** Gruppo **-ERE** Gruppo **-IRE**

In ogni gruppo possiamo trovare verbi regolari e irregolari.

Ora guardiamo il primo gruppo dei verbi regolari.

Presente dei verbi del gruppo -ARE

	GUARD**ARE**	GIO**CARE***
io	guard - **o**	gioc - **o**
tu	guard - **i**	gioc - **h** - **i**
lui/lei/Lei	guard - **a**	gioc - **a**
noi	guard - **iamo**	gioc - **h** - **iamo**
voi	guard - **ate**	gioc - **ate**
loro	guard - **ano**	gioc - **ano**

* Notiamo che il verbo **giocare** ha anche una "**h**" per "**tu**" e "**noi**"!
Tutti i verbi che terminano in -**CARE** e -**GARE** (cer*care*, pa*gare*, spie*gare*, pes*care*, asciu*gare*, ecc.) si coniugano come **giocare**.

> Ci sono molti verbi in -**ARE**:

Mangiare

Cantare

Suonare

Portare

Ascoltare

Amare

Disegnare

Telefonare

Parlare

Utilizzando alcuni di questi verbi, proviamo a costruire delle frasi.

Io ____

Tu ____

Lei ____

Lui ____

Noi ____

Voi ____

Loro ____

Attività 3 >>

Scegliamo il verbo giusto tra quelli scritti a lato.

1. Lara __________ molto per migliorare il suo italiano. **2.** Io __________ con Antonella al telefono. **3.** Il sabato __________ in pizzeria con gli amici. **4.** La sera di solito noi __________ la TV. **5.** Giorgio __________ Alessandra. **6.** Noi __________ la musica classica. **7.** Io __________ la chitarra e il pianoforte.

. Amare
. Studiare
. Ascoltare
. Guardare
. Mangiare
. Parlare
. Suonare

Attività 4 >>

in the

Scriviamo il verbo nelle frasi seguenti.

1. Oggi noi ______________ (telefonare) a Edoardo. **2.** Ogni giorno Anna ______________ (studiare) molto. **3.** Noi ______________ (amare) stare con gli amici. **4.** Sotto la doccia lui ______________ (cantare) sempre. **5.** Giorgio e Luca ______________ (parlare) con due ragazze. **6.** Io ______________ (cominciare) il corso di lingua italiana. **7.** Sonia e io ______________ (mangiare) insieme a pranzo. **8.** In centro (noi) ______________ (guardare) le vetrine.

Attività 5 >>>

Scriviamo il verbo nelle frasi seguenti.

1. Io non ______________ (parlare) molto bene lo spagnolo. **2.** Noi ______________ (cercare) una camera in affitto. **3.** Tu ______________ (giocare) a carte tutti i giorni. **4.** Aldo ______________ (regalare) dei fiori alla sua ragazza. **5.** Voi ______________ (portare) tutti i libri a scuola. 6. Io ______________ (pagare) oggi, e tu? **7.** Tu ______________ (pagare) domani. **8.** Marco ______________ (disegnare) bene. **9.** Loro non ______________ (comprare) mai abiti firmati. **10.** Tu ______________ (negare) sempre l'evidenza.

Di tutto un po'

I giorni della settimana: lunedì, martedì, mercoledì, giovedì, venerdì, sabato, domenica.

I mesi dell'anno: gennaio, febbraio, marzo, aprile, maggio, giugno, luglio, agosto, settembre, ottobre, novembre, dicembre.

Le stagioni: primavera, estate, autunno, inverno.

Lunedì c'è lezione;* ***in/a*** *dicembre nevica;* ***in/d'****estate arrivano molti turisti.*

> Qual è il tuo giorno della settimana preferito? Perché?
> Qual è la tua stagione preferita? Perché?

---

* **lunedì** significa "il prossimo lunedì"; **il lunedì** significa "tutti i lunedì".

Parole parole...

Dove troviamo questi oggetti? Abbiniamo gli oggetti ai negozi.

Penna

aspirina

profumo

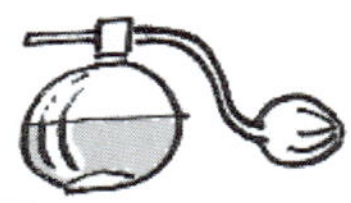

stivali

occhiali

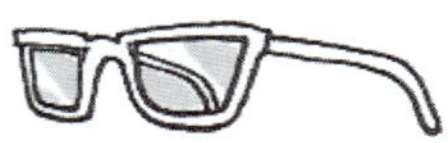

fragole

chiodi e martello

pane

insalata

rossetto

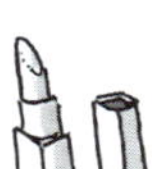

ricarica cellulare

cartoleria

ottico

forno

profumeria

negozio di scarpe

fruttivendolo

ferramenta

farmacia

negozio di telefonia

Cos'altro possiamo comprare in questi negozi?

A coppie, facciamo un elenco di oggetti.

official times le-trains e 24 hr.
ventiquattro ore

Che ore sono?

«Accidenti! Sono già le 9.30, è molto tardi! La lezione comincia alle 9.00. L'insegnante arriva sempre puntuale, gli studenti giapponesi sono sempre in anticipo, mentre noi spagnoli arriviamo sempre in ritardo.
Perché siamo sempre in ritardo?
Ma anche gli italiani arrivano in ritardo...?
E tu, sei puntuale?»

È l'una
Sono le tredici

È mezzogiorno
Sono le dodici

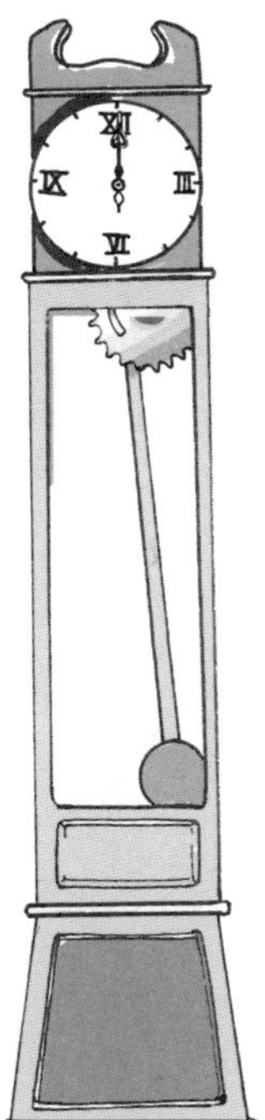

Sono le tre meno un quarto
Sono le quattordici e quarantacinque

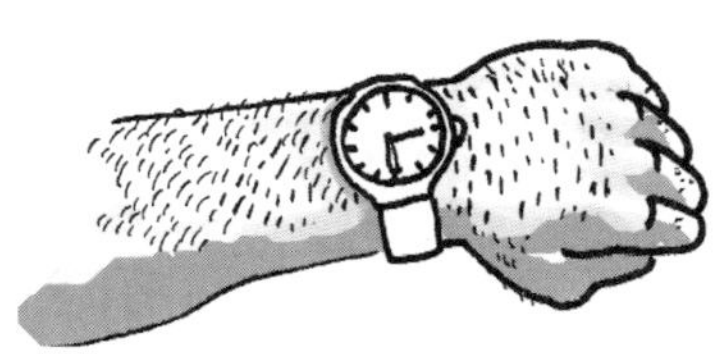

Sono le tre e mezza
Sono le quindici e trenta

Sono le due e un quarto
Sono le quattordici e quindici

È mezzanotte
Sono le ventiquattro

Sono le cinque
Sono le diciassette

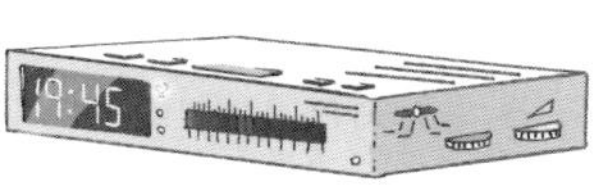

Sono le otto meno un quarto
Sono le diciannove e quarantacinque

Attività 6 (a coppie) >

Leggiamo le ore.

8.13; 10.15; 23.55; 6.27; 12.00; 17.40; 20.30; 24.00; 9.15; 6.35; 22.15; 7.20; 20.45; 17.15; 21.55; 14.50; 1.15; 3.40; 7.59; 18.40; 12.15; 23.45.

E ora giochiamo!

L'insegnante divide la classe in due gruppi e scrive alla lavagna alcune ore (con i numeri o disegnando un grande orologio).
Vince il gruppo che dice correttamente il maggior numero di ore.

Buon divertimento!

Idea! *Facciamo il punto!*

Ora, osserviamo il secondo e il terzo gruppo dei verbi regolari.

Presente dei verbi dei gruppi -ERE e -IRE

	PERD**ERE**	DORM**IRE**
io	perd - **o**	dorm - **o**
tu	perd - **i**	dorm - **i**
lui/lei/Lei	perd - **e**	dorm - **e**
noi	perd - **iamo**	dorm - **iamo**
voi	perd - **ete**	dorm - **ite**
loro	perd - **ono**	dorm - **ono**

> Hai notato? I tre gruppi hanno tre desinenze fisse: "**io**", "**tu**" e "**noi**" non cambiano mai.

> Tra il secondo ed il terzo gruppo c'è solo una differenza: "**voi**".

Nota: nel terzo gruppo (-**IRE**) ci sono anche altri verbi che vedremo in seguito (verbi in -**isc**...).

Chiudere

Leggere

Correre

to run

Scrivere

Cadere

to fall

Prendere

to take

Aprire

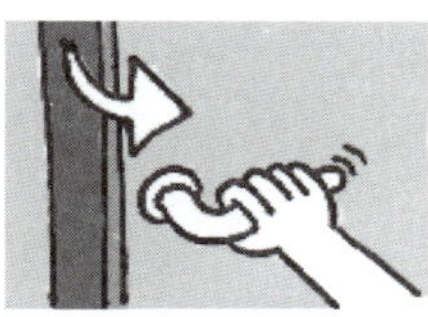

Sentire

to listen to

Offrire

to offer/volunteer

Seguire

to follow

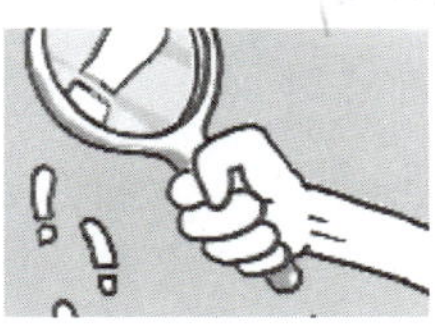

Partire

to leave

Cucire

to sew.

io cucio

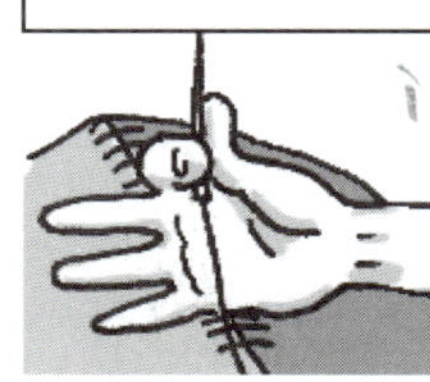

Attività 7 >>

Scegliamo e poi inseriamo il verbo giusto.

1. Sabrina ed io ________________ 18 anni.
2. Luigi ________________ giovane: ha solo 35 anni.
3. Caterina ________________ bene: ha una bella voce.
4. Voi ________________ in una piccola città del nord.
5. Loro ________________ in piazza del Duomo.
6. Per colazione ________________ solo uno yogurt.
7. (Tu) ________________ molto bene italiano.
8. Loro ________________ un bel piatto di spaghetti.

Essere
Prendere
Vivere
Cantare
Mangiare
Parlare
Abitare
Avere

A che ora si mangia?

> A che ora mangiano gli italiani di solito?

Nord	colazione ________	pranzo ________	cena ________
Centro	colazione ________	pranzo ________	cena ________
Sud	colazione ________	pranzo ________	cena ________

> E nel tuo Paese?

> Cambia l'ora dei pasti in estate e in inverno?

> E durante il fine-settimana?

Attività 8 (a coppie) >

Guardiamo gli orari dei negozi e, a coppie, facciamo delle domande.
Es. A che ora apre la banca? A che ora chiude? E quando è chiusa per riposo?

	Apertura	Chiusura	
Banca	08.15	13.15	Sabato chiuso
Ufficio postale	08.30	18.00	Sabato pomeriggio chiuso
Supermercato	08.00	20.30	
Farmacia	08.15 16.30	13.00 20.00	
Parrucchiere	09.15	19.00	Lunedì chiuso

> **Ci sono differenze con gli orari di altri Paesi? Quali?**

«In carrozza!»

Thomas: «Buongiorno, vorrei un biglietto per Bologna»
Operatore: «Andata e ritorno o solo andata?»
Thomas: «Andata e ritorno.»
Operatore: «Prima o seconda classe?»
Thomas: «Seconda, grazie.»
Operatore: «Intercity o Eurostar?»
Thomas: «Intercity. Quant'è?»
Operatore: «15 euro e 60 centesimi.»
Thomas: «Ecco. Sa da quale binario parte?»
Operatore: «Un attimo... controllo. Parte dal binario 8 alle ore 9.50.»
Thomas: «Grazie mille.»
Operatore: «Di niente... Sa che deve obliterare il biglietto prima di salire sul treno?»
Thomas: «"Oblite..." come? Cosa significa?»
Operatore: «"Obliterare", cioè deve timbrarlo prima di partire.»
Thomas: «Ah, sì grazie. Arrivederci.»
Operatore: «Buongiorno.»

Attività 9 >>>

Costruiamo dei dialoghi simili al precedente.

Eurostar - Torino - 30,40 euro - solo andata - binario 12 - ore 12.30.
Intercity - Roma - 25,70 euro - andata e ritorno - binario 1 - ore 9.15.
Regionale - Pisa - 8,50 euro - andata e ritorno - binario 3 - ore 7.00.
Intercity - Venezia - 18,90 euro - solo andata - binario 5 - ore 19.55.

Attività 10 >>>

Creiamo un nuovo dialogo in un'agenzia di viaggi.
Compriamo un biglietto aereo.

Biglietto aereo per Siviglia. Partenza il 20 maggio alle ore 12.30.
Scalo a Madrid. Arrivo alle ore 17.05. Prezzo 255 euro.
Carta giovani per sconto.
Nome: Francesca Borri, nata a Padova il 12 aprile 1985.
Professione: studentessa.

Come si dice...

Cerchiamo le due parole intruse in ognuno dei tre gruppi.

decollo	comandante	arrivo
imbarco	vagone ristorante	coincidenza
scalo	sbarco	hostess/steward
hostess/steward	salpare	obliterare
atterraggio	navigare	macchinista
pilota	attraccare	scalo
obliterare	imbarco	viaggiare
volare	marinaio	partenza
controllore	atterraggio	controllore

«Preferisco...»

Luisa: «Maria, che cosa preferisci, il tè o il caffè?»
Maria: «Preferisco il caffè, non l'espresso, ma il caffè americano.»
Luisa: «E Antonio e Marco cosa preferiscono?»
Maria: «(Loro) preferiscono il tè verde.»

Sandra: «Stasera non resto a casa, preferisco uscire. E tu Stefano?»
Stefano: «(Io) preferisco restare a casa. Leggo un libro e dopo guardo la partita in TV. E voi ragazzi?»
Ragazzi: «(Noi) preferiamo restare in camera a giocare.»

Mariella: «Cosa preferisci mangiare Silvano, tagliatelle al ragù o spaghetti al pesto?»
Silvano: «Preferisco gli spaghetti, grazie.»

Elena: «Secondo te che tipo di vino preferisce Ksenija? Vino italiano o francese?»
Cinzia: «Secondo me Ksenija preferisce un vino rosso piemontese.»

Idea! *Facciamo il punto!*

Ti ricordi il gruppo dei verbi in -**IRE**?
Oltre al gruppo già visto esiste un altro sottogruppo: i verbi in -**ISC**.

Presente dei verbi del gruppo -IRE

	DORM**IRE**	PREFER**IRE**
io	dorm - **o**	prefer - **isc** - **o**
tu	dorm - **i**	prefer - **isc** - **i**
lui/lei/Lei	dorm - **e**	prefer - **isc** - **e**
noi	dorm - **iamo**	prefer - **iamo**
voi	dorm - **ite**	prefer - **ite**
loro	dorm - **ono**	prefer - **isc** - **ono**

> Ci sono molti verbi in -ISC:

Condire Tradire Guarire Pulire Capire Spedire Applaudire Finire Tossire Digerire Gioire Proibire Dimagrire Gradire Stupire

...e altri ancora.

and still others.

Attività 11 >>

Mettiamo la forma giusta dei verbi in -ISC.

Mariella: «Cosa fai domani, Carlotta? Mangiamo insieme in pizzeria?»
Carlotta «Mi dispiace ma domani ____________ (pulire) l'appartamento.»

Isabella: «Quando ____________ (tu/spedire) questa lettera?»
Lucrezia: «Domani mattina.»

Sandro: «Io non ____________ (capire) perché gli italiani buttano le carte e le sigarette per terra.»
Martina: «Non tutti gli italiani: molti sono educati.»

Adelia: «Quando ____________ (tu/finire) di studiare?»
Antonio: « ____________ (finire) fra un'ora.»

Attività 12 >>>

Esercitiamoci con tutti i verbi regolari che abbiamo studiato.

1. Oggi ____________ (io/prendere) l'ombrello perché ____________ (piovere). **2.** ____________ (voi/essere) carini: ____________ (aiutare) sempre tutti. **3.** Marco ____________ (cantare) in un coro polifonico. Io ____________ (cantare) in macchina. **4.** ____________ (noi/comprare) una macchina nuova e la ____________ (pagare) a rate. **5.** Io non ____________ (capire) perché lei ____________ (essere) sempre nervosa. **6.** Tu ____________ (sporcare) la casa e io ____________ (pulire)! **7.** Nora e Alessandro ____________ (abitare) in periferia. **8.** Barbara e Donatella ____________ (spedire) molte cartoline a tutti i loro parenti. **9.** Quando ____________ (tu/finire) di lavorare domani pomeriggio? **10.** Alessandro e io ____________ (giocare) spesso a scacchi insieme.

Attività 13 >>>

Continuiamo!

1. ____________ (tu/preferire) telefonare o usare la posta elettronica? **2.** Matteo è un vero gentiluomo: ____________ (pagare) sempre lui! **3.** ____________ (noi/conoscere) un uomo bello, intelligente, ricco e simpatico. **4.** Mia zia e mia nonna ____________ (guardare) troppo la TV. **5.** Che cosa ____________ (voi/vedere) dalla finestra della vostra camera? ____________ (noi/vedere) il campanile di Giotto e il Duomo. **6.** Tu ____________ (pagare) le tasse? Certamente, fino all'ultimo centesimo! **7.** A che ora ____________ (partire) il treno per Perugia? Alle 7:30. **8.** Non ____________ (sentire) anche tu questo rumore? No, io non ____________ (sentire) proprio nulla. **9.** Nicoletta, che cosa ____________ (tu/leggere)? ____________ (leggere) un libro di Italo Calvino. **10.** Loro ____________ (credere) di essere molto intelligenti, ma sono solo presuntuosi.

E ora giochiamo!

Dividiamo la classe in due gruppi. Ogni gruppo sceglie un verbo da far mimare a uno studente del gruppo avversario. Lo studente deve far indovinare il verbo al suo gruppo in 2 minuti.
Vince il gruppo che ne indovina di più.

Buon divertimento !

Punto e ... a capo!

Scegliamo la frase corretta.

1. Io **a.** pulo **b.** pulisco la mia camera.
2. Noi **a.** paghiamo **b.** pagiamo il conto per i nostri amici.
3. Sandro e Luca **a.** sentono **b.** sentiscono la musica rock.
4. Marianna **a.** giocha **b.** gioca a tennis ogni giovedì.
5. Loro **a.** preferiscono **b.** preferono mangiare la pizza.
6. Voi non **a.** dormete **b.** dormite mai molto.
7. Noi **a.** spieghiamo **b.** spiegiamo la strada a Giorgio.
8. Lei **a.** apre **b.** apri la porta di casa.

Unità 4

Dove vai? Cosa fai?

«Dove vai?»

Alberto: «Dove vai?»
Betta: «Vado al cinema con Silvia. Vieni con noi?»
Alberto: «No, grazie. Finisco di studiare e poi vado da Mauro.»
Betta: «Va bene, allora ci vediamo più tardi.»
Alberto: «Ciao, a dopo.»

> Dove va Betta? ____________________
> Dove va Alberto? ____________________

Lidia: «Dove vai Elisa?»
Elisa: «In pizzeria, vieni anche tu?»
Lidia: «Chi c'è?»
Elisa: «Ci sono Marco, Silvia e Cecilia. Andiamo alla pizzeria "Il sole e la luna", perché fanno una pizza veramente buona ed è anche economica! Allora?»
Lidia: «Hmm... sì, vengo anch'io! Andiamo con la tua macchina?»
Elisa: «No, prendiamo l'autobus, perché è difficile trovare parcheggio.»

> Dove vanno Elisa e Lidia? ____________________
> Con chi ci vanno? ____________________
> Perché non prendono la macchina? ____________________

Parole parole...

"In movimento"

in aereo	in motorino	in pullman	in traghetto
in autobus	in bicicletta	in moto	a cavallo
in treno	in metro	in nave	a nuoto
in macchina	in taxi	in tram	a piedi

> Con quale mezzo di trasporto ti muovi di più nella tua città? Perché?
> Quale mezzo preferisci? Perché?

Idea! Facciamo il punto!

Vediamo ora alcuni verbi irregolari che incontriamo in questa unità.

	ANDARE	**VENIRE**	**RIMANERE**	**FARE**
io	**vado**	**vengo**	**rimango**	**faccio**
tu	**vai**	**vieni**	**rimani**	**fai**
lui/lei/Lei	**va**	**viene**	**rimane**	**fa**
noi	**andiamo**	**veniamo**	**rimaniamo**	**facciamo**
voi	**andate**	**venite**	**rimanete**	**fate**
loro	**vanno**	**vengono**	**rimangono**	**fanno**

Attività 1 >>

Inseriamo la forma giusta dei verbi irregolari.

1. Cosa ____________ (loro/fare) per Natale? **2.** Loro ____________ (andare) in vacanza in Sicilia per una settimana. **3.** Quando ____________ (noi/andare) a trovare Andrea? **4.** Maria è una brava cuoca: ____________ (fare) delle torte eccezionali. **5.** ____________ (voi/venire) al compleanno di Serena? **6.** Noi non ____________ (venire) perché siamo stanchi. **7.** Marianna ____________ (andare) in piscina, mentre noi ____________ (andare) in palestra. **8.** ____________ (tu/venire) con me? No, non ci ____________ (venire). **9.** Luca e Giordano ____________ (fare) molto sport. **10.** ____________ (tu/fare) un lavoro interessante?

Idea! *Facciamo il punto!*

Vediamo alcune preposizioni con il verbo **andare** e il verbo **venire**.

Andare in	Italia, Spagna, Giappone, Brasile, Slovenia ... pizze**ria**, libre**ria**, disco**teca**, biblio**teca** ... banca, ufficio, chiesa, montagna, piscina, palestra, farmacia, albergo, ferie, vacanza ...
Andare a See p. 87	Londra, Parigi, Milano, Istanbul, New York ... casa, scuola, teatro ... al bar, al mare, al cinema, al supermercato, al ristorante, alla posta, alla stazione, all'aereoporto, all'ospedale, all'università ...
Andare da	Alessandra, Luciano, loro, mia sorella ... dal dentista, dal medico, dal panettiere ...
Venire da	Stefano, Chiara, te, voi, Genova, Zagabria ... dalla Francia, dall'Italia, dagli Stati Uniti ...
Venire con	te, loro, i miei amici, mio fratello, mio zio ...

Attività 2 >>

Mettiamo la preposizione giusta.

Dove va Marianna? ___ ristorante.
Dove va Alberto? ___ Mauro.
Dove vanno Ivo e Aldo? ___ mare.
Dove andate? ___ cinema.
Dove vai? ___ casa.
Dove andiamo? ___ montagna.

Attività 3 >>

Scegliamo la preposizione giusta.

1. Vado ___ farmacia a comprare uno sciroppo per la tosse.
2. Sandra va ___ ospedale a fare visita a sua nonna.
3. Dove vai? Vado ___ Silvana.
4. Vengo ___ Londra. Sono inglese.
5. Vivo ___ Roma ___ Via Torquato Tasso.
6. Sono ___ Perugia, e tu?
7. Vado con mia sorella ___ scuola.
8. Samanta e Sonia vanno ___ discoteca ogni sera.

in/a
all'/nel
a/da
da/in
a-in/in-a
da/di
in/a
a/in

Attività 4 >>>

Dove vanno?

1. Mariangela ___va in ufficio___ tutti i giorni.
2. Loro ____________________ il lunedì e il giovedì.
3. Luca ____________________ d'inverno.
4. Noi ____________________ d'estate.
5. Io ____________________ dalle 9.00 alle 13.00.
6. Tu ____________________ la domenica mattina.
7. Lara ____________________ con il vestito elegante.
8. Voi ____________________ tre volte alla settimana.
9. Io ____________________ il sabato notte.
10. Mauro ____________________ con gli amici.
11. Luciano ____________________ tutte le mattine.
12. Noi ____________________ tutti insieme.

biblioteca
scuola
pizzeria
discoteca
chiesa
piscina
palestra
mare
montagna
teatro
ufficio
vacanza

Attività 5 >>>

Coniughiamo i verbi e mettiamo le preposizioni giuste.

Ada: «Marisa, _____________ (venire) ___ supermercato con me?»
Marisa: «Mi dispiace, ma devo andare ___ posta.»
Ada: «Non è un problema, perché proprio accanto al supermercato c'è un ufficio postale.»
Marisa: «Ah, bene, allora _____________ (venire) anch'io!»

Riccardo: «Stefano, sai ___ dove _____________ (venire) Maria?»
Stefano: «Sì, _____________ (venire) ___ Istanbul, ___ Turchia.»

Franco: «Quando _____________ (tu/partire) ___ l'Egitto?»
Alfredo « _____________ (partire) ___ il Cairo lunedì prossimo.»

Come si dice...

> Espressioni con il verbo fare

In italiano si usa molto il verbo «fare». Ci sono molti modi di dire.

fare due/quattro passi; **fare** da mangiare; **fare** una domanda; **fare** colazione; **fare** la doccia/il bagno; **fare** sport; **fare** la spesa; **fare** spese; **fare** la valigia; **fare** una telefonata; **fare** il biglietto; **fare** le pulizie; **fare** la coda/la fila; **fare** un viaggio; **fare** il letto; **fare** presto/tardi; **fare** una foto; **fare** due/quattro chiacchiere.

conjugate the verbs eg - faccio il bagno

la fila - the queue

Che cosa fanno queste persone?

> Alcune espressioni con il verbo **fare** sostituiscono questi verbi:

Es. telefonare = fare una telefonata

pulire = ________________ viaggiare = ________________
cucinare = ________________ passeggiare = ________________
lavarsi = ________________ domandare = ________________
chiacchierare = ________________ fotografare = ________________

Attività 6 (a coppie) >>>

Quando facciamo queste cose?

fare una foto fare colazione fare una doccia	fare il caffè fare il bucato fare sport	fare la spesa fare un viaggio fare il letto

Italia & Italia

Che tempo fa?

piove; nevica; c'è il sole
tira vento; c'è nebbia

fa bel tempo
fa brutto tempo

fa caldo / fa freddo
è nuvoloso / è sereno

Di tutto un po'

Mestieri

regista	**guida turistica**	**barista**	**commessa**
dirige il film	mostra la città ai turisti	prepara il caffè, il cappuccino...	lavora nel negozio

> E ora continuiamo con i seguenti mestieri. Lavoriamo in gruppo.

il cuoco	______________	l'architetto	______________
la direttrice	______________	l'ingegnere	______________
il politico	______________	la poliziotta	______________
lo stilista	______________	il controllore	______________
l'artista	______________	la giornalista	______________
il dottore	______________	l'insegnante	______________
il cameriere	______________	l'avvocato	______________

E ora giochiamo!

L'insegnante sceglie un lavoro per ogni studente. Si formano gruppi di 3/4 persone. Ogni studente fa delle domande per indovinare il lavoro dei suoi compagni. Si può rispondere solo con "sì" o "no".

Es. Lavori di giorno/notte?
E' un lavoro pericoloso/noioso?
Ricevi molti soldi per il tuo lavoro?
Lavori molte ore?
Eccetera...

Buon divertimento !

cameriere

insegnante

impiegato

pilota di aereo

Attività 7	*Parliamo insieme*

. Ci sono lavori belli e brutti?
. Quale lavoro non faresti mai e perché?
. Che lavoro fanno i tuoi genitori/figli?
. La casalinga è un lavoro?
. Lo studente è un lavoro?
. Esiste un lavoro senza stress?
. Ci sono lavori nuovi, degli ultimi 10/15 anni?
. C'è un lavoro nel tuo Paese che fa guadagnare molto?

In libreria

Nella libreria del centro ci sono molte cose interessanti. Migliaia di libri di ogni tipo. C'è **uno** scaffale con libri di fantascienza, **un** tavolo grande con sopra **un** computer. C'è **una** commessa gentile che dà il resto a **un** cliente che compra **un** libro per **un'**amica.

Cosa c'è in libreria? ______________________________
Cosa compra il cliente? ______________________________

Idea! *Facciamo il punto!*

Notiamo l'uso degli articoli indeterminativi nel brano precedente!
Qual è la regola?

____

____

E ora verifichiamo.

MASCHILE	FEMMINILE
un tavolo	**una** commessa
un amico	**un'**amica
uno scaffale	

Notiamo!

. **uno** si usa con il maschile (come **lo**).
. **una** si usa con il femminile (come **la**).
. **un'** (con apostrofo!) si usa per il femminile davanti alle vocali.
. **un** (senza apostrofo!) si usa con il maschile, anche davanti alle vocali.

Attività 8 >

Scegliamo la forma corretta tra quelle date.

1. Scusa, hai **a.** un penna? / **b.** una penna?
2. La mattina mangio sempre **a.** un pasta / **b.** una pasta.
3. L'astronomia è **a.** una scienza interessante / **b.** uno scienza interessante.
4. La paella è **a.** uno piatto tipico spagnolo / **b.** un piatto tipico spagnolo.
5. Abbiamo **a.** un idea nuova / **b.** un'idea nuova.

Gli italiani e...

Gli italiani stanno sempre di più davanti al computer e alla TV.
I giovani danno poca importanza alla lettura, ma sanno usare bene il computer.
I meno giovani, invece, guardano troppa TV e hanno ancora qualche difficoltà con l'informatica.

> E tu passi più tempo davanti alla TV o al computer?
> Perché?

Idea! *Facciamo il punto!*

Nella lettura ci sono altri verbi irregolari che ora vediamo in dettaglio.

	DARE	STARE	SAPERE
io	**do**	**sto**	**so**
tu	**dai**	**stai**	**sai**
lui/lei/Lei	**dà**	**sta**	**sa**
noi	**diamo**	**stiamo**	**sappiamo**
voi	**date**	**state**	**sapete**
loro	**danno**	**stanno**	**sanno**

Attività 9 >>

Coniughiamo il verbo.

1. Giuliana non _______________ (sapere) giocare molto bene a tennis. **2.** Come _______________ (stare) Giorgio e Sandro? Bene, veramente bene! **3.** Ragazzi, perché non _______________ (dare) una mano a quella signora? **4.** La nonna _______________ (dare) un pezzo di dolce alla sua nipotina. **5.** I turisti _______________ (stare) in coda ore e ore, per visitare gli Uffizi. **6.** Io non _______________ (sapere) che cosa fare questo pomeriggio. **7.** Noi _______________ (dare) importanza alle cose serie. **8.** Luisa _______________ (sapere) parlare quattro lingue straniere. **9.** _______________ (tu/stare) troppe ore seduto davanti al computer. **10.** _______________ (voi/rimanere) ancora un mese qui con noi?

Attività 10 >

Con quale frequenza facciamo queste cose?

sempre | **spesso** | **qualche volta** | **raramente** | **mai**

Cucinare per gli amici; stare con gli amici a parlare; andare in discoteca; andare in pizzeria; visitare un museo; andare al mare; guardare la TV; fare giardinaggio; comprare un vestito costoso; fare una brutta figura; andare dal parrucchiere / barbiere; bere troppo.

Punto e ... a capo!

Inseriamo gli articoli indeterminativi.

Carla ha __ macchina blu.
Giulia mangia __ pizza.
Il tulipano è __ fiore allegro.
Oggi preferisco bere __ tè.
La tigre è __ animale selvaggio.
Greta è __ amica di Sandro.
Paolo ha __ studio dentistico.
La Carmen è __ opera di Bizet.

Coniughiamo alcuni verbi irregolari.

______ (noi/andare) a fare acquisti.
Lui _____ (fare) bene il suo lavoro.
Chi _____ (venire) al Luna Park?
Quando _____ (voi/dare) l'esame?
Noi non _____ (sapere) cosa fare.
Lei _____ (stare) in piedi sull'autobus.
Laura _____ (dare) una festa lunedì.
Voi _____ (fare) dei dolci buonissimi.

Unità 5

Ahi! Le diete...!

A cena con un amico

Renato e Pasquale, due buoni amici, vanno a cena insieme in un bel ristorante, ma Renato ...

Pasquale: «Finalmente a tavola: ho una fame...! Muoio dalla voglia di provare qualche piatto speciale. Che ne dici di cominciare con un antipasto di mare? Sei d'accordo?»

Renato: «No, io non posso mangiare molto: sono a dieta, devo eliminare i grassi... Scelgo un solo piatto della lista... Ecco: una bella insalata con poco olio e senza sale!»

Pasquale: «Ma questo è un contorno: puoi prendere almeno un secondo! Ti piace il pesce, per esempio?»

Renato: «Mi piace abbastanza... va bene. Voglio fare un'eccezione stasera: mangio una sogliola per secondo, però non devo prendere né pane né primo.»

Pasquale: «Ah, le diete non mi piacciono proprio! Quando esco per cena mi piace mangiare bene: e questo ristorante ha dei piatti molto appetitosi! Voglio provare le tagliatelle a sorpresa! Tu non prendi niente per primo, ma bevi qualcosa, no? Vino bianco per due?»

Renato: «Non per me! Io bevo solo acqua minerale naturale leggera e con poco sodio. Se vuoi, alla fine del pasto possiamo prendere un buon caffè: non riesco a rinunciare al caffè. Però leggero e soprattutto senza zucchero!»

Pasquale: «Perfetto! E per me un caffè forte con panna!»

Attività 1 >>

Cancelliamo dal menu quello che i due amici non prendono:

Il menu di Pasquale

☆☆☆☆☆

Antipasto
Vino
Tagliatelle
Insalata
Pane
Sogliola
Caffè

Il menu di Renato

☆☆☆☆☆

Antipasto
Vino
Tagliatelle
Insalata
Pane
Sogliola
Caffè

E ora giochiamo!

Uno studente è il cameriere tranquillo ed educato che deve servire un gruppo di clienti molto esigenti e un po' antipatici che mettono a dura prova la sua pazienza.

Ecco alcune proteste dei clienti:

"il tavolo è troppo vicino alla finestra"; "nel menu ci sono pochi piatti"; "vogliamo qualcosa di speciale ed originale"; "vorremmo conti separati per ogni coppia"; "vorrei tutto subito perché ho fretta di andare al cinema"; "c'è una mosca nella minestra"; "il vino sa di tappo"; "c'è del rossetto sul bicchiere"; "scusi, questi spaghetti sono scotti!"

Buon divertimento!

> E tu, sei paziente o impaziente? Sei una persona esigente?
> Cos'è importante per te quando vai in un nuovo ristorante?

Parole parole...

Il caffè. In quanti modi possiamo ordinare un caffè in Italia?

caffè alto/lungo	con grappa o altri alcolici
caffè basso/ristretto	falso caffè
caffè macchiato	molto caffè
caffè corretto	poco caffè
caffè decaffeinato	con un po' di latte
caffè d'orzo	senza caffeina

Nota

Alcune persone preferiscono bere il caffè **in tazza** (cioè nella classica tazzina), mentre altre lo bevono **in vetro** (cioè in un piccolo bicchiere di vetro).

Attenzione! Gli italiani non bevono mai il cappuccino durante o dopo il pasto!

> **Indaghiamo**: . Che differenza c'è fra caffellatte e cappuccino?
. Latte macchiato e caffè macchiato sono uguali?

Idea! Facciamo il punto!

Vediamo ora alcuni verbi irregolari che abbiamo incontrato nel dialogo precedente, chiamati "verbi modali".

	VOLERE	POTERE	DOVERE
io	voglio	posso	devo
tu	vuoi	puoi	devi
lui/lei/Lei	vuole	può	deve
noi	vogliamo	possiamo	dobbiamo
voi	volete	potete	dovete
loro	vogliono	possono	devono

Attività 2 >>

Troviamo il soggetto del verbo e costruiamo una frase.

Es. Voi non volete mai mangiare i frutti di mare.

1.___	volete	________________	5.___	può	________________
2.___	puoi	________________	6.___	deve	________________
3.___	dobbiamo	________________	7.___	voglio	________________
4.___	vuole	________________	8.___	possono	________________

Attività 3 >>>

Con i verbi modali, costruiamo delle frasi utilizzando la struttura seguente:

Es. Voglio mangiare un tiramisù ma non posso perché devo stare a dieta.

I bambini ____

Pinocchio ____

Le mamme ____

I ragazzi ____

Le ragazze ____

Idea! *Facciamo il punto!*

Memorizziamo anche altri verbi irregolari che abbiamo trovato nel dialogo.

	BERE	SCEGLIERE	USCIRE	DIRE
io	bevo	scelgo	esco	dico
tu	bevi	scegli	esci	dici
lui/lei/Lei	beve	sceglie	esce	dice
noi	beviamo	scegliamo	usciamo	diciamo
voi	bevete	scegliete	uscite	dite
loro	bevono	scelgono	escono	dicono

Attività 4 >>>

Formiamo delle frasi con queste espressioni di frequenza.

Es. "Signora, deve prendere questo antibiotico ogni 12 ore."
"Allora due volte al dì, dottore!"

every saturday

il sabato | ogni mattina | tutti i giorni | un mese sì e un mese no | tre volte alla settimana | due volte al dì | ogni dodici ore

times

tutto il giorno - all day · un giorno sì e un giorno no

dì - day as in lunedì etc. ogni tanto - every now & then.

____

Come si dice...

to die

> Spesso gli italiani usano un verbo triste: "**morire**", ma in senso figurato:

io **muoio dalla voglia di** rivederlo.
tu **muori** " "
lui **muore** " "
noi **moriamo** " "
voi **morite** " "
loro **muoiono** " "

> Queste espressioni rendono le frasi colorite e familiari. Per esempio:

muoio dalla voglia	significa	desidero molto
muoio di fame	significa	ho molto appetito
muoio di sonno	significa	sono molto stanco

______________	significa	ho molta sete
muoio di curiosità	significa	______________

A tavola non si invecchia!

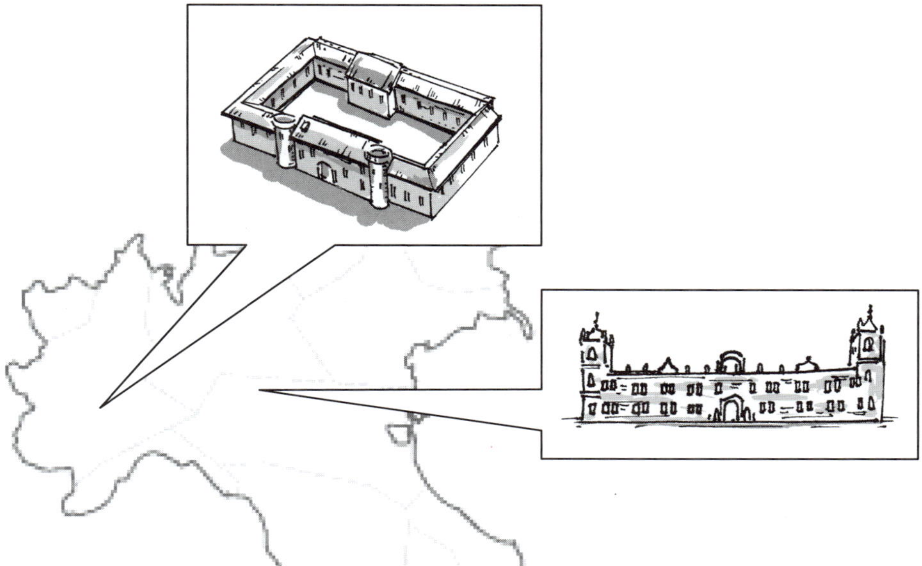

Tutti considerano l'Italia come il Paese dei buongustai: gli italiani infatti amano da sempre la buona tavola e il buon vino.
Soprattutto oggi, in un mondo che va di fretta, dove c'è poco tempo per mangiare e ancora meno per cucinare, è importante ritrovarsi insieme, con calma, davanti a un cibo genuino preparato come una volta.
Per valorizzare il patrimonio culinario delle singole località, non solo d'Italia, è nato "Slow Food", un movimento internazionale che ha a cuore l'antica filosofia del mangiar bene: cioè lentamente e con gusto, con amore per il cibo.
Inoltre, difende la biodiversità in agricoltura e salvaguarda i piccoli produttori che usano metodi naturali e artigianali.
In Italia si può parlare di una vera e propria cultura del cibo: esiste infatti l'Università del Gusto, creata per formare giovani di tutto il mondo, che diventano esperti conoscitori dei prodotti e delle tecniche di produzione.

- **E tu, come mangi?**
- **Quanto tempo dedichi ogni giorno ai pasti?**
- **Preferisci mangiare in piedi o seduto, a casa o fuori?**
- **Frequenti spesso i fast food ?**

Di tutto un po'

Normalmente, in Italia i pasti sono abbastanza semplici (due portate o un piatto unico) ma nelle occasioni un po' particolari, la domenica e al ristorante, il pasto tipico è più completo:

> Parliamo un po' di cibo!

Che cosa mangi normalmente a pranzo? E a cena? Qual è una cena tipica del tuo Paese? Ti piace provare piatti che non conosci? Quali cucine straniere preferisci? Quali sono le cose che non ti piacciono assolutamente? E quelle che ti piacciono da impazzire?

Cosa pensi delle diete alimentari? E dei vegetariani? E dei fast-food?

Idea! *Facciamo il punto!*

Il verbo «piacere» quando è impersonale ha solo due forme: una singolare e una plurale:

Es. ***La verdura*** *non ti* ***piace****? -* ***I libri gialli*** *non ti* ***piacciono****?*
La cioccolata *mi* ***piace*** *molto -* ***Gli spaghetti*** *mi* ***piacciono****.*
Lo sport *mi* ***piace*** *-* ***Le passeggiate*** *mi* ***piacciono****.*

Attenzione: "mi dispiace" è diverso da "non mi piace".

«Con chi?»

> Rispondiamo alle domande:

. Con chi ti piace fare spese?
. Con chi ti piace andare al cinema?
. Con chi ti piace parlare dei tuoi problemi?

Attività 5 >>

Il bello e il brutto del mondo.
Confrontiamo le nostre idee:

Che cosa ti piace da morire?

mi piace moltissimo
amo davvero really love
adoro

Che cosa non ti piace per niente?

non mi piace affatto at all
non sopporto
detesto

____________ ____________ ____________ ____________

Idea! *Facciamo il punto!*

I numeri ordinali.

I numeri ordinali si usano quando c'è una serie di oggetti, come i piatti di un menu ("cosa c'è per secondo?"), i piani di un edificio ("abito al terzo piano"), i papi e i re (Enrico ottavo...), eccetera.

I. Primo/a	**II. Secondo/a**	**III. Terzo/a**	**IV. Quarto/a**	**V. Quinto/a**
VI. Sesto/a	**VII. Settimo/a**	**VIII. Ottavo/a**	**IX. Nono/a**	**X. Decimo/a**

Osserviamo: i primi due maratoneti sono maschi; il terzo e il quarto sono etiopi, la quinta è una ragazza botswana, gli ultimi sono esausti.

Come possiamo vedere, i numeri ordinali si declinano (primo/a/i/e).

Attività 6 >>

Completiamo:

1. Per____________ prendo un risotto ai funghi e per ____________ un salmone alla griglia. **2.** Nelle gare di atletica molto spesso gli africani arrivano ____________ . **3.** "Buongiorno, vorrei un biglietto per Pisa". "Sì, di ____________ o di ____________ classe?" **4.** Giorgio non abita al quinto ma al ____________ piano. **5.** Il ____________ d'aprile, attenzione agli scherzi! **6.** Per arrivare al Duomo deve prendere la ____________ strada a destra. **7.** Purtroppo a teatro non ci sono più biglietti in ____________ fila ma solo in ____________ fila. **8.** Conosci già l'Italia oppure sei qui per la ____________ volta? **9.** Mio fratello frequenta la ____________ elementare.

Punto e ... a capo!

Scegliamo il verbo giusto.

☒ a. ☒ b. ☒ c.

1. Quello che ___ Marco non è vero!
☐ a. dico ☐ b. dice ☐ c. diche

2. (noi) non ___ a che ora parte il nostro aereo.
☐ a. sappiamo ☐ b. sapamo ☐ c. sapete

3. Marina e Alessia ___ molto bene.
☐ a. ballono ☐ b. balliamo ☐ c. ballano

4. Prima di dormire (noi) ___ sempre un po'.
☐ a. leggiamo ☐ b. leggamo ☐ c. leggono

5. Mi dispiace ma (io) non ___ venire con voi.
☐ a. puoi ☐ b. posso ☐ c. può

Dire

Sapere

Ballare

Leggere

Potere

6. Stasera tu e Elisa ___ insieme? ☐ a. usciamo ☐ b. escite ☐ c. uscite	**Uscire**
7. Non mi piacciono le patate; ___ gli spinaci. ☐ a. prefero ☐ b. preferisco ☐ c. preferiamo	**Preferire**
8. Chi ___ una tazza di cioccolata calda? ☐ a. vole ☐ b. voglio ☐ c. vuole	**Volere**
9. Tutti i giorni loro ___ dei soldi in beneficenza. ☐ a. date ☐ b. danno ☐ c. damo	**Dare**
10. Ciao Pietro, come ___ tua sorella? ☐ a. sto ☐ b. stai ☐ c. sta	**Stare**
11. Tu prendi l'ascensore, io invece ___ a piedi. ☐ a. salgo ☐ b. salo ☐ c. sale	**Salire**
12. A che ora ___ i tuoi amici? ☐ a. vengono ☐ b. venono ☐ c. vengano	**Venire**
13. Quale piatto (voi) ___ per la cena di stasera? ☐ a. scegliete ☐ b. scelgono ☐ c. sciogliete	**Scegliere**
14. Chi ___ a pagare la bolletta della luce? ☐ a. vai ☐ b. va ☐ c. va'	**Andare**
15. (Io) ___ dalla voglia di andare in vacanza. ☐ a. muoio ☐ b. muoro ☐ c. moio.	**Morire**
16. Cosa (tu) ___ sabato? (io) ___ studiare. ☐ a. fa/devi ☐ b. faccio/deve ☐ c. fai/devo	**Fare/Dovere**

Unità 6

Non è colpa mia!

La famiglia di Sandra

«Ciao! Mi chiamo Sandra Meli. Ho 28 anni e lavoro come insegnante di storia. Sono nata a Milano, ma ora vivo a Roma.
Il mio appartamento è molto grande e carino. Io abito lì con la mia famiglia: mio padre, mia madre, mio fratello e le mie due sorelle.
Mio padre si chiama Giorgio, ha 55 anni e lavora in banca, mia madre si chiama Marta, ha 53 anni e lavora a domicilio come grafica pubblicitaria.
Mio fratello Matteo studia all'università, ha 24 anni ed è molto simpatico.
Mia sorella Greta ha 18 anni, studia al liceo ed è molto brava.
Mia sorella Federica è piccola, ha 12 anni ed è bellissima.
Vicino a noi abitano i miei nonni, sono pensionati e sono molto in gamba.

Mi parli della tua famiglia?»

Mio padre ______________________________

Mia madre ______________________________

Mio fratello ______________________________

Mia sorella ______________________________

I miei nonni ______________________________

> Ora, <u>sottolineiamo</u> gli aggettivi possessivi del testo e vediamo come funzionano.

Idea! *Facciamo il punto!*

Guardiamo insieme i possessivi.

MASCHILE SINGOLARE	**FEMMINILE SINGOLARE**
il **mio** libro	la **mia** penna
il **tuo** amico	la **tua** amica
il **suo** zaino	la **sua** borsa
il **nostro** pensiero	la **nostra** vita
il **vostro** treno	la **vostra** macchina
il **loro** paese	la **loro** città
MASCHILE PLURALE	**FEMMINILE PLURALE**
i **miei** libri	le **mie** penne
i **tuoi** amici	le **tue** amiche
i **suoi** zaini	le **sue** borse
i **nostri** pensieri	le **nostre** vite
i **vostri** treni	le **vostre** macchine
i **loro** paesi	le **loro** città

Parole parole...

Il matrimonio di Paolo e Francesca

Il suocero di Francesca, che si chiama **Luigi**, è a destra della sposa. **Sofia**, la cognata di Francesca, è dietro a **Gina**. Il cognato di Paolo si chiama **Daniele** ed è dietro a Luigi.

Lorenzo è lo zio di Paolo ed è di fianco a Daniele. La nonna di Paolo, **Cecilia**, è davanti a Luigi. Fra Paolo e Francesca c'è la loro nipote **Virginia**. Il cugino di Francesca, **Mattia**, è a sinistra di Sofia. **Balto**, il cane di Luigi, è davanti a tutti.

Scriviamo accanto alle figure il loro nome. A proposito, ma Gina chi è?

Osserviamo ✍: con i nomi delle persone della famiglia al singolare, l'aggettivo possessivo non prende l'articolo.
*Es. mio padre / mia madre / **Ma**: i miei fratelli.*

"Loro" invece prende sempre l'articolo anche al singolare.
Es. il loro figlio, i loro nonni.

Attività 1 >

Scegliamo il possessivo giusto.

1. _____ nonno è una persona eccezionale.	**a.** il mio	**b.** mio
2. Viene anche _____ fratello con noi?	**a.** tuo	**b.** il tuo
3. _____ figlia studia a Roma.	**a.** la loro	**b.** loro
4. _____ sorelle sono più piccole di me.	**a.** le mie	**b.** mie
5. _____ borsa è sul tavolo.	**a.** la sua	**b.** sua

Attività 2 >>

Rispondiamo alle domande, usando il possessivo giusto.

1. "Che lavoro fa tua madre?" "_____ madre è ingegnere aerospaziale".
2. "Con chi andate in discoteca stasera?" "Ci andiamo con _____ amici".
3. "Che donna in gamba è tua nonna! Quanti anni ha?" " _____ nonna è giovane: ha 68 anni."
4. "Francesca, è _____ questa giacca?" "No, non è _____, è di Siria".
5. "Ragazzi, sono _____ questi libri?" "Sì, sono _____".

Attenzione! Quando il nome è variato (diminutivi, accrescitivi, forme affettuose) o aggettivato, l'articolo c'è sempre!

Es.	***mia** madre*	***la mia** mamma.*
	***mio** fratello*	***il mio** fratellino.*
	***mia** sorella*	***la mia** sorella maggiore.*

E ora giochiamo!

L'insegnante raccoglie in classe vari oggetti che appartengono agli studenti e poi li mette a caso sulla scrivania e chiede per ogni oggetto "di chi è?" "è di ....?" "è tuo/suo?".
Gli studenti rispondono alle domande.

Buon divertimento!

La mattina della famiglia Meli

«Sono le 7:00. Suona la sveglia. Mio padre si alza per primo, perché vuole lavarsi con tranquillità.
In famiglia siamo in sei e quando ci alziamo e dobbiamo lavarci, è un problema con un bagno solo!
Io sono la più lenta e quando arriva il mio turno, di solito mi preparo con calma: prima mi faccio la doccia, mi lavo i capelli e mi asciugo con cura. Mi trucco, mi pettino e mentre mi guardo allo specchio sento mio fratello che bussa impaziente e dice: "Sandra, è tardi!".
Devo solo vestirmi prima di uscire, ma ormai sono in ritardo e mi precipito a scuola.»

> E tu hai gli stessi problemi di organizzazione la mattina?
> Vivi da solo?
> A che ora ti alzi?
> Quanto tempo ci metti a prepararti?
> Fai colazione prima di uscire?

Idea! *Facciamo il punto!*

E ora guardiamo insieme i verbi riflessivi.

GUARDARSI		
io	**mi**	guardo
tu	**ti**	guardi
lui/lei/Lei	**si**	guarda
noi	**ci**	guardiamo
voi	**vi**	guardate
loro	**si**	guardano

Osserviamo: i pronomi riflessivi sono uguali per tutti i verbi (in -are, -ere, -ire e gli irregolari). Stanno prima del verbo, tranne che all'Infinito, Imperativo, Gerundio e Participio. Se usati con i verbi modali, i pronomi possono stare prima o dopo l'Infinito.

*Es. **Mi alzo** alle 7; non mi piace **alzarmi** presto.*
***Mi devo** alzare alle 7; devo **alzarmi** alle 7.*

Attività 3 >>

Scegliamo e inseriamo i verbi riflessivi.

1. Rebecca e Sandra ____________ prima di uscire.
2. Giorgio ____________ la barba.
3. Noi ____________ davanti alla stazione.
4. Quando siamo stanchi, ____________ .
5. Non ____________ dove sono le chiavi della macchina.
6. Francesca ____________ i capelli ogni 2 giorni.
7. Alle feste di Luca (noi) ____________ sempre molto.
8. La donna della pulizie ____________ della casa.
9. Per il mio compleanno (io) ____________ elegante.
10. Di solito noi ____________ tardi la domenica mattina.

divertirsi
alzarsi
ricordarsi
incontrarsi
truccarsi
riposarsi
lavarsi
occuparsi
farsi
vestirsi

Attività 4 >>>

Inseriamo un verbo, scegliendo tra quelli regolari, irregolari e riflessivi che abbiamo studiato finora.

La domenica ____________ sempre tardi. Mi piace molto dormire. Dopo colazione ____________ il giornale e poi ____________, ____________ e mi preparo per andare fuori. ____________ a passeggiare nel parco con Lillo, il mio dolce cagnolino con gli occhi azzurri. ____________ a lungo fuori, poi verso le 11:00 ____________ a casa. Mia moglie ______________ il pranzo per tutta la famiglia ed io mi occupo del vino. Alle 12:00 ____________ il campanello e ____________ tutta la banda. Nostra figlia, suo marito e i miei nipotini Alessio e Angelica. Poi alle 12:30 arriva anche nostro figlio e sua moglie e così ____________ tutti a tavola e... buon appetito!

Di tutto un po'

Proviamo a creare delle frasi con i diversi significati del verbo «mettersi».

mettersi a dieta; **mettersi** i calzini; **mettersi** a tavola; **mettersi** nei panni di qualcuno; **mettersi** in fila/coda; **mettersi** con qualcuno; **mettersi** a ridere/piangere; **mettersi** elegante.
Es. Mi metto a tavola tutti i giorni alle 13.

Souvenir dall'Italia. Percorsi alternativi nell'artigianato italiano.

Di ritorno dal vostro soggiorno in Italia quali *souvenir* portate ai vostri amici e cosa comprate per voi stessi come ricordo? Scegliete un Pinocchio di legno? Un oggetto in vetro di Murano? Una bottiglia di vino?

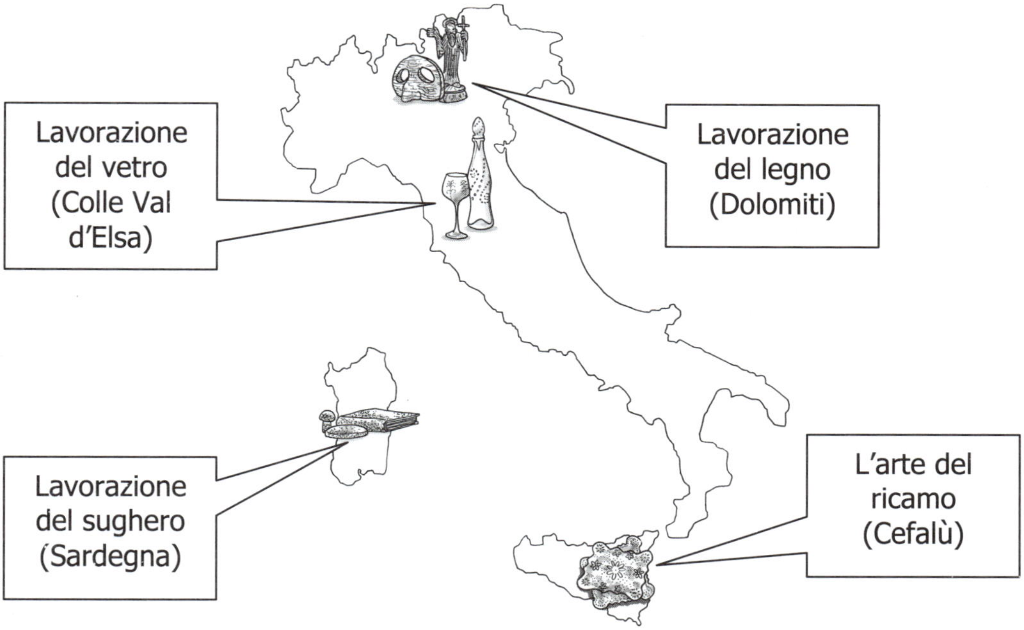

Lo sapete che in Italia ci sono oggetti d'artigianato molto belli anche se poco conosciuti?

Per esempio, se vi piacciono **trine** e **merletti**, dovete sapere che c'è un piccolo paese della **Sicilia**, **Cefalù**, dove le donne da generazioni si tramandano l'arte del ricamo, producendo biancheria fatta a mano molto raffinata.

Se invece amate il **legno**, in molti paesi delle **Dolomiti** potete acquistare delle sculture in legno raffiguranti immagini sacre e maschere tipiche tradizionali.

Se vi piace il **sughero**, potete recarvi in **Sardegna**, per ammirare come gli artigiani locali riescono a lavorare questo materiale, creando oggetti di vario tipo, come agende, vassoi, sottobicchieri, orologi...

I vetrai di **Colle Val d'Elsa**, in Toscana, lavorano artigianalmente il **vetro**, soffiandolo e creando così bicchieri, vasi e oggetti di ogni genere: delle vere e proprie opere d'arte!

In un negozio del centro

Commessa: «Buongiorno, desidera?»
Cliente: «Buongiorno, vorrei vedere un paio di pantaloni neri.»
Commessa: «Di lana o di cotone?»
Cliente: «Di lana.»
Commessa: «Che taglia porta?»
Cliente: «La 44.»
Commessa: «Ecco. Può provarli nel camerino, in fondo a destra.»
Cliente: «Grazie.»
Commessa: «Come Le stanno?»
Cliente: «Bene. Quanto costano?»
Commessa: «95 euro. Vuole vedere qualcos'altro?»
Cliente: «No grazie. Posso pagare con la carta di credito?»
Commessa: «Sì, certo.»

> Lavoriamo a coppie: costruiamo un dialogo simile al precedente, scegliendo una delle situazioni proposte.

Negozio di calzature	Profumeria	Camiceria
stivali di pelle nera numero 39 tacco alto	rossetto rosa brillante cipria chiara crema idratante per il corpo	camicia da uomo su misura a quadretti bianca e blu cravatta di seta blu

Come si dice...

sci; scarponi da sci; snowboard; racchette; occhiali da sole; cappello; maschera; pinne; bikini; costume; telo da mare; scarpe da trekking; zaino; tuta da sci; muta da sub; crema solare; ciabattine; ombrellone.

> Cosa usi per andare al mare?
> E per andare in montagna?
> Che cosa porti di particolare quando vai al mare o in montagna?
> Qual è la cosa che non puoi lasciare a casa?

Attività 5 *Parliamo insieme*

Rispondiamo alle domande.

Quali sono i tuoi negozi preferiti? Quando e con chi ci vai? Ti piace fare spese? Quanto spendi per te ogni mese?

Di tutto un po'

Dove vanno Alessia e Piero? Cosa si mettono per andare...?

Alessia
a scuola
in discoteca
a un colloquio di lavoro
a un concerto rock
al mare con Piero

Piero
in campagna
a sciare
all'università
a teatro con Alessia
a trovare una zia ricca

Punto e ... a capo!

Trasformiamo gli aggettivi possessivi dal singolare al plurale.

il mio quaderno	__________	il loro sigaro cubano	__________
la nostra classe	__________	la nostra sedia	__________
il suo vestito	__________	la loro azienda	__________
la tua pianta	__________	la sua camicetta	__________
il loro caffè	__________	la mia tazza	__________

Inseriamo il verbo.

1. Marta ________ (lavarsi) i denti dopo mangiato. **2.** Gli amici di Claudio ________ (chiamarsi) Luca e Olga. **3.** Tu ________ (vestirsi) bene prima di uscire? **4.** Noi ________ (laurearsi) fra un mese. **5.** Come ________ (tu/trovarsi) in Italia? **6.** Perché non ________ (noi/darsi) del tu? **7.** Io ________ (sposarsi) l'anno prossimo. **8.** Tu e Giuseppe ________ (incontrarsi) spesso? **9.** Carla ________ (sentirsi) meglio con le medicine omeopatiche. **10.** Quando non posso fare quello che voglio ________ (arrabbiarsi).

Unità 7

Ah, l'amore...!

Una grande idea?

Domenica scorsa la serata è stata un disastro per colpa mia: ho pensato di essere una buona amica ma ho sbagliato tutto. Ecco, in poche parole, che cosa è successo.
La mia amica Rebecca mi ha telefonato disperata e mi ha raccontato che il suo ragazzo ha rotto con lei perché ha conosciuto una nuova ragazza più simpatica e attraente.
Ho pensato: "povera Rebecca, adesso è triste e sola."
Allora ho avuto un'idea e ho detto: «Andiamo al cinema insieme?»
Così, siamo andate a vedere un film, ma alla fine della serata, quando siamo tornate a casa, Rebecca mi ha salutato più triste di prima!
Perché?
Perché, non solo il film è stato noioso e non abbiamo capito quasi niente, ma abbiamo incontrato alla biglietteria proprio l'ex ragazzo di Rebecca con la nuova fidanzata!!!
Hmm..., probabilmente, non ho avuto una buona idea!

Attività 1 >>>

Adesso, trascriviamo tutti i verbi della lettura che non sono al Presente:

____________	____________	____________	____________
____________	____________	____________	____________
____________	____________	____________	____________
____________	____________	____________	____________

> Che cosa notiamo sulla forma di questi verbi? Ci sono delle forme che conosciamo già?
> Parliamone tutti insieme.

Idea! **Facciamo il punto!**

The recipe.

LA RICETTA DEL PASSATO PROSSIMO:
verbo essere / avere + Participio passato = Passato prossimo

Nota: ricordiamoci che «essere» e «avere» devono essere coniugati!

Formare il Participio passato dei verbi regolari é molto facile:

verbi in -ARE → **-ATO** verbi in -ERE → **-UTO** verbi in -IRE → **-ITO**

Attività 2 >

Coniughiamo con l'ausiliare «essere».

1. Quando (tu) _________ andato in ferie quest'anno? **2.** Cristina e Piero _________ stati insieme per quattro anni. **3.** (Io) _________ caduta su una buccia di banana! **4.** (Noi) _________ tornati ieri da una vacanza esotica. **5.** Il treno _________ arrivato puntuale alla stazione di Napoli.

Attività 3 >

Coniughiamo con l'ausiliare «avere».

1. Tu e Caterina _________ mangiato tutti i dolci. **2.** (Noi) _________ comprato un disco del nostro cantante preferito. **3.** (Tu) _________ capito come funziona il passato prossimo? **4.** Arturo e Arianna _________ cambiato casa il mese scorso. **5.** (Io) _________ inventato una macchina per viaggiare nel tempo.

Attività 4 >>

Costruiamo il Participio passato di:

camminare _______________
sapere _______________
cadere _______________
finire _______________
ricevere _______________
spedire _______________
guardare _______________
mandare _______________
capire _______________
mangiare _______________

Attenzione! Per ottenere il passato prossimo è necessario scrivere due parole: la prima parola è il verbo **essere** oppure il verbo **avere**, la seconda è il **Participio passato** del verbo principale.
Ma quando dobbiamo usare essere? E quando avere?
E' più facile ricordare quando usiamo **essere**: esclusi questi casi, in tutti gli altri usiamo **avere**!

Analizziamo alcuni verbi:

Io sono arrivato (presto)

Io sono andato (al cinema)

Io sono partita (in treno)

Io sono tornata (tardi)

Io sono venuto (da te)

Io sono morto (di fatica)

Io sono entrato (in casa)

Io sono uscita (con Lia)

Io mi sono lavata (i capelli)

Io sono stato (gentile)

Io sono rimasto (in Italia)

Io sono dimagrita (di tre kg.)

Io sono nata (in aprile)

Con i **verbi di movimento** che hanno un punto di partenza e/o di arrivo e con tutti i **verbi riflessivi** formiamo il passato con **essere**[*].
Quindi, l'ausiliare **essere** si usa con tutti i verbi che <u>**non rispondono**</u> alla domanda **"chi? che cosa?"**.
Sono andato a Roma. ("dove?") - Sono dimagrito 4 Kg. ("quanto?")
Sono stato a Milano. ("dove?") - Sono morto di paura. ("perché?"/ di cosa?)

---

[*] Nell'Unità 13 troviamo un approfondimento del Passato prossimo.

Attività 5 >>

Inseriamo il verbo al Passato prossimo (ausiliare «avere»).

1. Giovanna e Valentina __________________ (mangiare) in un ottimo ristorante del centro storico. **2.** Ieri pomeriggio __________________ (io/incontrare) tua sorella di fronte alla scuola di ballo. **3.** La scorsa settimana __________________ (noi/studiare) molto per il compito di matematica. **4.** Non __________________ (tu/sentire) la scossa di terremoto ieri notte? **5.** __________________ (io/dormire) pochissimo a causa dei rumori del traffico. **6.** Non __________________ (noi/credere) alla storia che Annamaria (raccontare) __________________ .

Attenzione!

Quando l'ausiliare è il verbo **essere**, il Participio passato si comporta come un aggettivo: è declinato al maschile, femminile, singolare e plurale:

*Es. Il postino è arrivat**o** - la risposta è arrivat**a**.*
*i nostri amici sono arrivat**i** - le lettere sono arrivat**e**.*

Attività 6 >>

Inseriamo il verbo al Passato prossimo (ausiliare «essere»).

1. __________________ (noi/arrivare) in ufficio molto tardi questa mattina. **2.** __________________ (tu/andare) in vacanza la scorsa estate? **3.** Giacomo __________________ (tornare) dal suo viaggio in Indonesia. **4.** Ieri sera Angela e Laura __________________ (lavarsi) i capelli. Poi, all'improvviso, __________________ (andare) via la luce e non __________________ (riuscire) ad asciugarsi con il phon. Oggi hanno un bel raffreddore! **5.** Domenica scorsa __________________ (io/stare) per tutto il giorno in casa. **6.** Perché __________________ (voi/partire) così presto ieri e non __________________ (restare) ancora un po' con noi?

Italia & Italia

Vacanze in Italia.

Che tipo di "vacanziere" sei?

Colleghiamo le domande alle rispettive località.

1. Ami camminare e fare sport immerso/a nella natura?

2. Sei irrimediabilmente romantico/a?

3. Ti piace avere cura del tuo corpo e adori il relax?

4. Hai tanti soldi da spendere e ti piace frequentare personaggi famosi?

5. Ti affascinano la storia antica e l'arte classica?

6. Ti piace fare acquisti su un'isola di sogno?

7. Ami sciare tutto l'anno?

8. Ti piace ballare fino alle sei del mattino?

9. Sei amante degli animali e della campagna?

> Scegliamo una o più località e insieme scriviamo alla lavagna tutte le parole che ci vengono in mente pensando a questo tipo di vacanza.

> Quale vacanza preferisci? Perché?

> Discutiamo insieme sul tipo di vacanza che va di moda nei nostri Paesi.

Di tutto un po'

Come sono state le tue ultime vacanze?

Maria: «Sono andata al mare con i miei genitori: è stata ***una barba!***»

Gianni: «Io invece sono andato in giro con la barca a vela dei miei amici, ma dopo pochi giorni di sereno è arrivata una tempesta e ci siamo persi: tornare a casa è stata ***un'odissea.***»

Daniele: «Ah, io sono stato in giro in bicicletta in Olanda con mio fratello e altri amici; senza traffico e con tanto verde, ci siamo divertiti ***un mondo***, ma proprio ***da matti***. E' stata una vera ***pacchia!***»

Serena: «Noi siamo stati in Messico pensando di rilassarci e invece nel nostro villaggio turistico suonavano continuamente la stessa musica. Un vero e proprio ***tormentone!***»

> Ora, proviamo a formare nuove frasi usando queste espressioni.

Attività 7 >>>

Formiamo il passato prossimo regolare dei seguenti verbi.

1. Ieri Flavio ____________ (andare) al ristorante turco con i suoi amici. **2.** Noi ____________ (chiamare) Lia per darle la bella notizia. **3.** Chi ____________ (sapere) fare bene il test di matematica? **4.** Quali ingredienti ____________ (tu/usare) per cucinare questo arrosto? **5.** Margherita e Ornella ____________ (ripetere) quattro volte l'esame di biochimica! **6.** ____________ (io/ricevere) tanti regali dai miei amici per il mio compleanno. **7.** Tu e Vittorio ____________ (tornare) per la terza volta in vacanza in Croazia. **8.** I miei genitori ____________ (partire) una settimana fa per un viaggio di lavoro in Cina. **9.** Chi ____________ (pagare) il conto dell'albergo? **10.** Quando ____________ (tu/capire) che Eva e Luca stanno insieme? **11.** Ivonne e Claudio ____________ (invitare) tanta gente al loro matrimonio. **12.** I miei amici ed io ____________ (comprare) dei biglietti aerei per il Perù. **13.** Antonio ____________ (cadere) dal motorino ieri pomeriggio. **14.** La mia vicina di casa ____________ (cucinare) per tutto il condominio! **15.** La zia Clorinda ____________ (annaffiare) l'orto.

Idea! *Facciamo il punto!*

Come il Presente anche il Passato prossimo ha i suoi verbi irregolari, che non sono necessariamente gli stessi.

Es. PRENDERE : prendo l'aperitivo - ho preso le mie precauzioni.

Ecco una lista dei principali verbi irregolari:

leggere	>	**letto**	mettere	>	**messo**
correggere	>	**corretto**	promettere	>	**promesso**
proteggere	>	**protetto**	permettere	>	**permesso**
reggere	>	**retto**			
			chiudere	>	**chiuso**
aprire	>	**aperto**	concludere	>	**concluso**
coprire	>	**coperto**	accendere	>	**acceso**
offrire	>	**offerto**	perdere	>	**perso**
			ridere	>	**riso**
chiedere	>	**chiesto**	prendere	>	**preso**
rispondere	>	**risposto**	spendere	>	**speso**
vedere	>	**visto**	decidere	>	**deciso**
			dividere	>	**diviso**

> Visto? Alcuni participi passati irregolari hanno la stessa terminazione!

Per altri participi passati, invece, non c'è nessuna associazione che possa aiutarci a ricordare:

essere	>	**stato**	scrivere	>	**scritto**
dire	>	**detto**	dipingere	>	**dipinto**
bere	>	**bevuto**	vivere	>	**vissuto**
spegnere	>	**spento**	vincere	>	**vinto**
rimanere	>	**rimasto**	conoscere	>	**conosciuto**
fare	>	**fatto**	rompere	>	**rotto**
succedere	>	**successo**	nascere	>	**nato**

... Possiamo solo studiarli a memoria!

Attività 8 >>>

Formiamo il Passato prossimo dei seguenti verbi irregolari:

1. La settimana scorsa alla cena di lavoro __________ (noi/bere) troppa tequila e __________ (fare) una brutta figura. **2.** Ma che cosa __________ (succedere) ai nostri vicini? Hanno urlato per tutta la notte! **3.** Lo scorso fine settimana nella nostra casa di montagna __________ (essere) molto freddo e __________ (io/accendere) il caminetto. **4.** Maria è furiosa perché i suoi genitori __________ (leggere) il suo diario segreto. **5.** __________ (loro/rimanere) a casa, invece di venire in enoteca con noi. **6.** David è un vero amico: quando __________ (io/chiedere) il suo aiuto lui mi __________ (essere) sempre vicino. **7.** Finalmente ieri __________ (io/scrivere) quella lettera a Paola. **8.** Non torno più a fare acquisti con Tiziana! __________ (io/spendere) tutti i miei risparmi in un solo pomeriggio. **9.** Prima di partire, controlliamo ancora una volta se __________ (mettere) tutto in valigia? **10.** Che cosa __________ (voi/vedere) di bello a Bruxelles? **11.** Adesso basta! Con me Luca __________ (chiudere) definitivamente. **12.** Chi __________ (dire) che tu non sei adatta per quel lavoro? **13.** Quando __________ (tu/spegnere) la luce, era mezzanotte. **14.** Io non __________ (prendere) mai una multa per eccesso di velocità. **15.** Ieri, quando __________ (venire) i nostri amici, __________ (noi/aprire) una buona bottiglia di vinsanto e __________ (vedere) tutti insieme un film alla televisione.

E ora giochiamo!

L'insegnante prepara alcuni cartellini con dei verbi all'Infinito e altri con i relativi Participi passati e poi li mette voltati sul tavolo. Gli studenti devono girare due cartellini, cercando le coppie corrispondenti.

Buon divertimento!

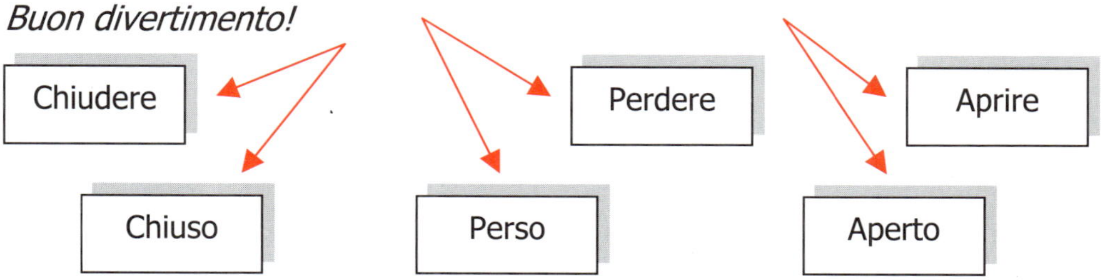

Come si dice...

In italiano il Presente serve anche per esprimere una situazione futura. (Es. "Domani comincio un nuovo lavoro". "Fra tre mesi è Natale"). Quindi, alla fine di questa lezione, puoi esprimere pensieri nel presente, passato e futuro!

Ecco qui alcune parole che servono per raccontare.

- Tutto è cominciato quando...
- Allora...
- Dopo...
- Poi
- In seguito...
- All'inizio...
- E così...
- A un certo punto...
- Dopo un po'...
- In conclusione...
- Di conseguenza...
- Perciò...
- Quindi...

Ora, scriviamo un episodio buffo, triste o incredibile che ci è successo usando alcune delle parole che abbiamo visto.

Attività 9 *Parliamo insieme*

Gli amori.

> Credi nel colpo di fulmine?
> Ricordi un amore importante?
> Hai mai vissuto un amore platonico?
> Hai mai preso una cotta terrificante?
> Ti sei mai innamorato/a a prima vista?
> È vero che il primo amore non si scorda mai? E il secondo?
> ... E l'ultimo?

Attività 10 >>>

Inseriamo i verbi al Passato prossimo.

Marianna: «Giordana, _______________ (guardare) il film ieri in TV?»
Giordana: «No, beh, io ieri sera... _______________ (uscire) con Alessandro e _______________ (andare) al cinema insieme.»
Marianna: «Scusa, ma... chi è Alessandro?»
Giordana: «Il ragazzo più bello del mondo! _______________ (incontrarsi) la scorsa settimana in libreria e _______________ (mettersi) a parlare di alcune recensioni di saggi filosofici usciti da poco. Dopo _______________ (andare) a prendere un caffè insieme e _______________ (conoscersi) meglio. Poi, alla fermata dell'autobus... _______________ (succedere)!»
Marianna: «Cosa è successo, scusa?»
Giordana: «_______________ (baciarsi) e io _______________ (innamorarsi) follemente!»
Marianna: «Giordana, è l'ennesima volta che dici che _______________ (trovare) l'amore della tua vita!»
Giordana: «Ma questa volta è vero e... ma che ore sono?»
Marianna: «Le tre, perché?»
Giordana: «Sono in ritardo! Alessandro _______________ (chiamarmi) per dirmi che mi aspetta alle tre alla stazione. Non posso arrivare in ritardo, capisci?»
Marianna: «Capisco, sì. È meglio che ti affretti o l'amore della tua vita ti pianta in asso!»
Giordana: «Beh, in quel caso la prendo con filosofia!»

Un'idea in più

L'insegnante presenta agli studenti una lista di domande del tipo:

"Hai mai posato nudo/a?"
"Hai mai avuto voglia di dare uno schiaffo?"
"Sei mai passato con il semaforo rosso?"
"Hai mai fermato un/a ragazzo/a per strada?"

cercando situazioni inconsuete e particolari. Gli studenti rispondono e poi provano a creare domande originali da proporre agli altri.

Parole parole...

Raccontiamo!

Descriviamo ogni scena usando le parole date.

scippare
pensione
borsetta

regalo
Natale
ricevere

lasciarsi
a dirotto
delusa

disperarsi
bancarotta
al verde

Attività 11 >>>

Che cosa è successo a quest'uomo?

1. ______________________________
____

2. ______________________________
____

3. ______________________________
____

4. ______________________________
____

5. ______________________________
____

Punto e ... a capo!

Scegliamo la giusta forma del passato.

1. Giovanni ☐ a. è andata ☐ b. è andato ☐ c. ha andato in campagna sabato scorso.	**Andare**
2. Ragazzi, ☐ a. avete rotto ☐ b. avete romputo ☐ c. siete rotti il vetro e dovete ripagarlo!	**Rompere**
3. Tu ☐ a. sei fatto ☐ b. hai fatto ☐ c. hai fatti i compiti per lunedì prossimo?	**Fare**
4. Eleonora e Silvia ☐ a. hanno partite ☐ b. sono partiti ☐ c. sono partite venerdì scorso per un viaggio in Brasile.	**Partire**
5. Lei ☐ a. ha aperto ☐ b. è aperto ☐ c. ha aprito un nuovo ristorante etnico a Palermo.	**Aprire**
6. Paolo ☐ a. ha rimasto ☐ b. è rimasto ☐ c. è rimanuto tutto il pomeriggio a casa di amici.	**Rimanere**
7. Io ☐ a. sono venito ☐ b. ho venuto ☐ c. sono venuto subito quando mi hai chiamato.	**Venire**
8. Chiara e Marco ☐ a. sono arrivate ☐ b. è arrivati ☐ c. sono arrivati a Manila due settimane fa.	**Arrivare**
9. Loro ☐ a. hanno perso ☐ b. hanno preso ☐ c. hanno persi l'autobus, ma ☐ a. sono presi ☐ b. hanno preso ☐ c. hanno perso un taxi.	**Perdere** **Prendere**
10. Marcella e Sonia ☐ a. sono state ☐ b. hanno state ☐ c. sono stati sempre grandi amiche.	**Essere**

Unità 8

Fra... in... con... per...?

«Cerco una camera in affitto»

Marie: «Cerco una camera ***in*** affitto, perché resto ***a*** Firenze ***per*** tre mesi ***a*** studiare italiano. Dove posso rivolgermi?»

Thomas: «Puoi comprare "Il mercatino", un settimanale ***di*** annunci, ***per*** esempio, oppure guardare gli annunci ***nella*** bacheca ***dell'*** università: io ho trovato così la stanza dove rimango fino ***alla*** fine ***del*** corso. È comoda e accogliente, e posso utilizzare la cucina ***in*** comune ***con*** gli altri studenti: sono tre, uno ***per*** camera.»

Marie: «Paghi molto ***al*** mese? E il gas, l'acqua, l'elettricità, il riscaldamento? Come li paghi?»

Thomas: «La camera non è cara e tutte le spese sono incluse.»

Marie: «Però mi hanno detto che il primo mese è più caro!»

Thomas: «Non è più caro, però bisogna pagare una cauzione: praticamente è pari ***al*** costo ***di*** due mesi ***di*** affitto, e serve come assicurazione. Chi ti affitta la stanza ti restituisce questi soldi ***alla*** fine ***del*** contratto!»

Marie: «Ah, ecco! Ora ho capito! Vado subito ***a*** leggere gli annunci ***in*** bacheca!»

> Hai mai cercato una stanza o un appartamento in affitto?
> Dove hai trovato le offerte? (su Internet; sulle riviste specializzate; nelle bacheche universitarie...).
> Hai pagato le spese a parte oppure erano incluse?
> Raccontiamo le nostre esperienze.

Attività 1 >>

Osserviamo le varie preposizioni che sono nel brano e proviamo a distribuirle secondo la funzione:

Tempo (quando?)	**Luogo** (dove?)	**Finalità-Causa** (perché?)	**Modo** (come?)	**Altro** ...

Idea! *Facciamo il punto!*

Abbiamo trovato molte preposizioni nel testo, ma dobbiamo fare prima una premessa molto importante: le preposizioni in italiano sono 9:

di a da in con su per tra fra

Queste preposizioni si chiamano **semplici**, perché si usano senza l'articolo determinativo.

Quando vengono usate con l'articolo determinativo si chiamano **articolate** e alcune di loro si uniscono all'articolo e si trasformano in una sola parola.

	IL	**LO**	**LA**	**L'**	**I**	**GLI**	**LE**
DI	del	dello	della	dell'	dei	degli	delle
A	al	allo	alla	all'	ai	agli	alle
DA	dal	dallo	dalla	dall'	dai	dagli	dalle
IN	nel	nello	nella	nell'	nei	negli	nelle
SU	sul	sullo	sulla	sull'	sui	sugli	sulle

Le preposizioni **con**, **per**, **fra** e **tra** non si uniscono quasi mai all'articolo.
Es. Vado dal dentista ***con la*** *mia amica.*

Attività 2 >

Uniamo la preposizione all'articolo, quando è necessario.

Ho detto (a+la) _____ mia amica Serena di venire oggi a pranzo, perché vorrei mostrarle la mia nuova casa.
Si trova (a+il) _____ quinto piano, ma non c'è l'ascensore; (con+l') _____ ascensore è più comodo, ma senza ho la possibilità di fare un po' di ginnastica.
(in+la) _____ mia nuova casa ci sono quattro stanze e una di queste è diventata il mio studio. È una stanza molto particolare: c'è una grande scrivania e sopra la scrivania ci sono quattro scaffali. (su+gli) _____ scaffali ci sono i miei libri e le mie fotografie e vicino (a+il) _____ divano c'è un nuovissimo computer. (tra+la) _____ scrivania e la lampada c'è una pianta molto alta.
La posizione (di+lo) _____ studio è ottima: in fondo (a+il) _____ corridoio, accanto (a+il) _____ ripostiglio.
(in+lo) _____ studio c'è una finestra e (da+la) _____ finestra posso guardare fuori e ammirare un magnifico panorama.

Di tutto un po'

La casa e l'arredamento.

Per ogni stanza sono stati inseriti vari mobili e oggetti: aggiungiamone altri.

La camera da letto	Il bagno	il ripostiglio	il salotto
l'armadio	il lavandino	l'aspirapolvere	il divano
il comodino	la doccia	il ferro da stiro	le mensole
lo specchio	il sapone	la scarpiera	il televisore
il cassettone	il bidè	la scopa	le tende
______	______	______	______
______	______	______	______
______	______	______	______
______	______	______	______
______	______	______	______
______	______	______	______
	______	______	______

> Ora, insieme all'insegnante, proviamo a mettere dentro questo disegno tutte le parole che descrivono la cucina.

> Qual è la tua stanza preferita? Perché?
> La puoi descrivere?

Come si dice...

I verbi della casa. *Es.* imbiancare → dipingere le pareti

affittare	distruggere
comprare	pagare per abitarci per un certo periodo
arredare	acquistare
demolire	rendere più spaziosa
rimodernare	rendere più attuale
ristrutturare	mettere dei mobili
ampliare	fare un restauro

Idea! *Facciamo il punto!*

Abbiamo già incontrato le preposizioni che indicano stato in luogo o movimento da e verso luogo: **a**, **in**, **da**.

Vediamo adesso quali preposizioni si utilizzano per esprimere il tempo: **da** - **tra/fra** - **per** - **in** - **di** - **a**.

Il tempo dell'amore.

- «Tesoro! Ti aspetto **da** tre ore: ma **a** che ora arrivi?»
- ...
- «Sì... Sì... ma anche ieri ti ho aspettato **per** quasi quattro ore prima di andarmene!»
- ...
- «Come? Dici che parti da casa tua **fra** un'ora al massimo? È vero che con il treno **in** 10 minuti sei qui? E se anche il treno arriva in ritardo?»
- ...
- «Ho capito: Non ti preoccupare, cara: ti aspetto con ansia, **di** giorno e **di** notte...!»

Attività 3 >>

Inseriamo le preposizioni semplici che indicano il tempo.

1. _____ quanti mesi hai lavorato a Firenze? **2.** _____ una settimana vado a Parigi. **3.** Sono da te _____ un minuto. **4.** L'eurostar arriva da Roma a Milano _____ poco più di tre ore. **5.** _____ quanti giorni finisce il corso di cucina? **6.** Marco ! Ma _____ quanto tempo sei al telefono? **7.** Oggi abbiamo lezione _____ pomeriggio. **8.** _____ mezzogiorno sono a pranzo e poi torno in ufficio.

Attività 4 >>

Osserviamo diverse funzioni delle preposizioni: *con, per, su, di, in,* e *da* e cerchiamo di dare a ognuna la giusta definizione:

CON

1. Ho attaccato la foto **con** la colla.
2. Mi diverto quando esco **con** Giulio.
3. Ti ho aspettato **con** pazienza.

Quale delle tre funzioni è:

"compagnia"	"modo"	"strumento"
___	___	___

PER

1. Resterò a casa **per** studiare la lezione.
2. Non parla molto **per** timidezza.

Quale delle due funzioni è:

"causa"	"finalità"
cause	outcome

SU (about)

DI

1. Ho comprato un libro **su** Leonardo da Vinci.
2. Abbiamo letto un libro **di** poesie.
3. L'insegnante ama i libri **di** Umberto Eco.

In due di queste frasi c'è la funzione di "argomento" e in una no.

"argomento"	"specificazione"
___ ___	___

DI

DA

IN

1. Non amo gli oggetti **di** plastica.
2. Gli abiti **in** pelle sono abbastanza costosi.
3. Mi piacciono i tuoi nuovi occhiali **da** sole. mode - why
4. Cenerentola ha perso la scarpetta **di** cristallo.
5. Si tratta di un bellissimo abito **in** seta.
6. Come sono comode le scarpe **da** ginnastica!

Quali di queste preposizioni ha la funzione di:

"materia"	"finalità"
___ ___ ___ ___	~~specific~~ outcome

macchina da lavoro

TRA/FRA

1. **Fra** giovani parliamo un linguaggio informale.
2. Le api volano beatamente **tra** i fiori.

Qual è la preposizione con funzione:

"luogo" tra

"relazione" fra.

DI
A

1. Stasera telefoniamo **a** Ennio. a chi? to whom
2. Ho incontrato Franco in un negozio **di** scarpe.
3. L'aria è più fresca **di** mattina.

Quali di queste preposizioni ha funzione di:

"termine" ___

"tempo" ___

"specificazione" ___

Attività 5 >>>

Inseriamo le preposizioni semplici o articolate.

1. ____ fornaio ho comprato un chilo _____ pane pugliese. **2.** ____ soffitta di mia nonna, ____ vecchi bauli e quadri antichi, ho trovato un album ____ fotografie. **3.** ____ colpa tua Alfredo e Giulia hanno litigato. **4.** Ai nostri nipoti abbiamo regalato un libro ____ fiabe ____ Gianni Rodari ____ Natale. **5.** Il professor Antonacci tiene una conferenza _____ Luigi Pirandello. **6.** Hai dimenticato gli occhiali ____ tavolo ____ cucina. **7.** Bellissimo, il tuo nuovo maglione _____ *cachemire*. **8.** Al ricevimento ____ ambasciatore ci vuole l'abito ____ sera. **9.** Sono ___ casa tua ___ dieci minuti. **10.** Attento! Quel vaso è ___ porcellana e si può rompere! **11.** Ho visto Sonia e Lucia _____ aereoporto. **12.** Il professore ha tenuto una lezione ____ politica internazionale. **13.** Hai mai letto i racconti ___ Italo Calvino? **14.** ____ me e te c'è una certa differenza di opinioni. **15.** Questa camicia è ___ Ermanno? No, è mia. **16.** Faccio tutto questo ___ te e tu non mi capisci mai.

E ora giochiamo!

L'insegnante assegna, oppure fa scegliere agli studenti, una professione abbastanza caratterizzata (per es. il modello, il sacerdote, l'infermiere, il chirurgo, il chiromante, il pompiere ecc.).
Chiede a ognuno di realizzare il proprio appartamento adattandolo, con ironia e comicità, alla "sua" professione.
Possono essere utilizzate riviste varie da ritagliare per ottenere dei collages (meglio se riviste di arredamento).
Alla fine ogni studente illustra il suo lavoro alla classe.

Buon divertimento!

Attività 6 >>>

Concludiamo le frasi usando un complemento con preposizione.

1. Di solito passiamo le vacanze ______________________________
2. La mia università si trova ______________________________
3. La sorella di Alessandro lavora ______________________________
4. Giovanna studia ______________________________
5. Noi ora viviamo ______________________________
6. Domani partiamo ______________________________
7. Andate ____________________________________ domani mattina?
8. Ho comprato del vino ______________________________

Attività 7 >>

Inseriamo la preposizione.

1. Non vengo alla festa ____ te perché sei stata antipatica. **2.** Silvia indossa delle scarpe ____ ginnastica veramente carine. **3.** Andiamo insieme al compleanno ____ Sauro? Andiamo ____ la tua o ____ la mia macchina? **4.** Avete comprato una nuova tuta ____ sci o usate quella vecchia? **5.** Quel tavolo non è ____ legno, ma ____ plastica. **6.** ____ Maria non esco più! È sempre in ritardo. **7.** La casa ____ miei nonni si trova nel Chianti, ____ aperta campagna. **8.** Vengo ____ te ____ l'autobus, perché non voglio guidare.

Nevrosi in ufficio

Il racconto di Patrizia:

«Arrivo a casa di corsa stanca e arrabbiata. Mi butto sul divano, **penso a** quello che è successo e **comincio a** piangere.
Perché dopo tre anni che lavoro come una matta nell'ufficio contabilità nessuno riconosce il mio lavoro? Perché devo lavorare 10 ore al giorno per **riuscire a** farmi considerare e poi nessuno mi considera?
E oggi la sorpresa. Giovanni, il nuovo arrivato, è stato chiamato nell'ufficio del direttore e dopo soli quattro mesi che è in azienda è stato promosso. E' diventato il mio capo! E pensare che devo anche **fingere di** essere contenta per lui! Fra me e lui c'è sempre stato un ottimo rapporto, ma ora? Da ora in poi come mi devo comportare? Devo cambiare lavoro o restare?
Insomma, cosa devo fare?».

Il racconto di Giovanni:

«Che giornata stupenda! Oggi è stata una giornata memorabile.
Quando il direttore mi ha chiamato nel suo ufficio, ho **pensato a** una lavata di testa o qualcosa di simile e invece dopo 20 minuti sono uscito da quello stesso ufficio con in tasca una promozione inaspettata. Sì, ho **cercato di** fare sempre un buon lavoro, ma non mi aspettavo di fare carriera così velocemente; e poi Patrizia è lì da tre anni, lavora bene e ancora è allo stesso posto! Io non capisco... Ma cosa è successo? Certo, ora sono il suo capo... è una situazione strana, ma sono contento di **continuare a** lavorare con lei, perché so che è una persona in gamba. Ma come mi devo comportare? Fare il capo o il collega? Che casino!»

> Che cosa deve fare Patrizia?
> Che cosa deve fare Giovanni?
> Cosa può essere successo secondo te?

Ora, a coppie, proviamo a cercare tutte le preposizioni del testo e scriviamole qui sotto.

Di tutto un po'

Nel testo sono presenti alcuni verbi con preposizioni, e qui sotto ce ne sono alcuni tra quelli più usati.

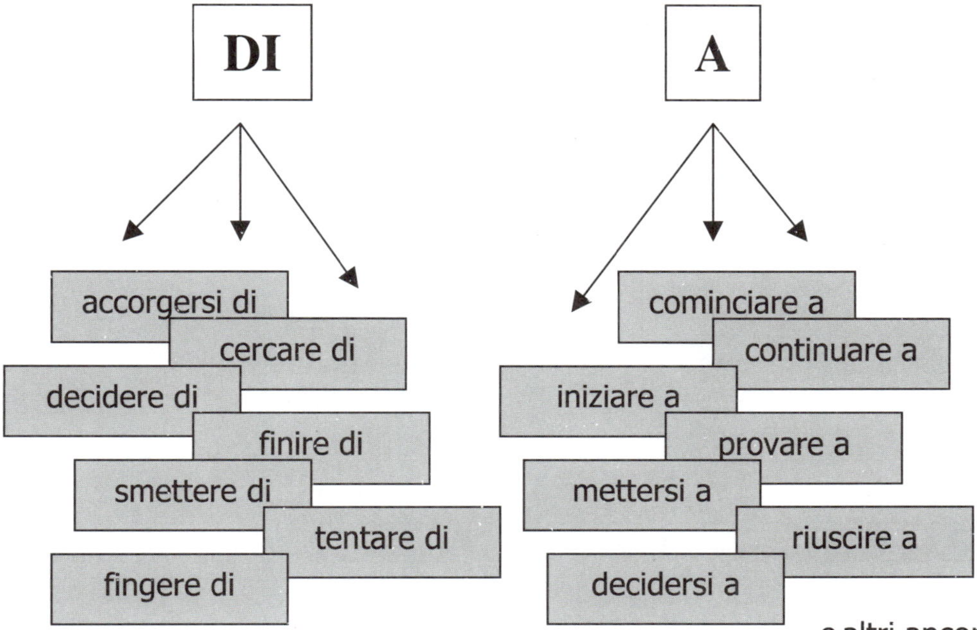

e altri ancora...

Attività 8 >>

Mettiamo il verbo e la preposizione giusti, scegliendo fra quelli proposti sotto.

1. Ho deciso che domani ___________ ___ fumare per sempre! **2.** Tutte le volte che ___________ ___ convincerla, lei fa come vuole. **3.** Ogni volta lui ___________ ___ cambiare, ma poi non ci riesce. **4.** Vai bene così, ___________ ___ studiare che stai migliorando. **5.** Ho deciso che oggi ___________ ___ pulire la casa a fondo. **6.** Noi ___________ ___ cambiare atteggiamento con i nostri amici. **7.** Sono entrati i ladri di notte in casa e noi non ___________ ___ nulla. **8.** Bene, ora posso uscire: ___________ ___ fare i compiti per domani.

cercare; continuare; accorgersi; smettere; provare; mettersi; tentare; finire.

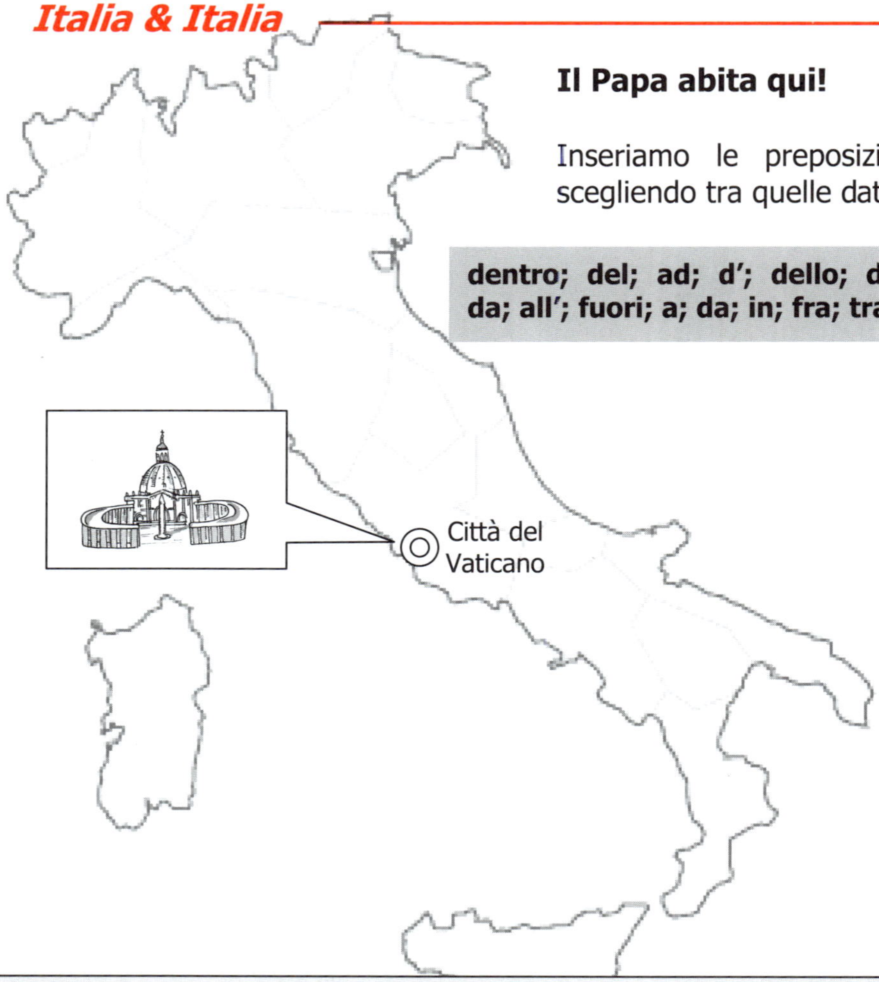

Il Papa abita qui!

Inseriamo le preposizioni scegliendo tra quelle date.

dentro; del; ad; d'; dello; di; da; all'; fuori; a; da; in; fra; tra

_____ interno dei confini dello Stato italiano, si trova un piccolissimo Stato: **il Vaticano**. Esattamente lo "**Stato della Città del Vaticano**", lo Stato più piccolo _____ mondo, che ha meno _____ 1.000 cittadini (questa cittadinanza non sostituisce la nazionalità _____ origine), più un certo numero di residenti. Si trova _____ la città di Roma, _____ est del fiume Tevere. Il Papa è capo _____ Stato. La Città è formata _____: **la Basilica di San Pietro**, **il Palazzo del Vaticano**, **i giardini**, **i Musei Vaticani** e **Piazza San Pietro**. Ma _____ dalla città ci sono dodici edifici che godono del privilegio dell'extraterritorialità: _____ questi c'è **Castel Gandolfo**, _____ 27 chilometri _____ Roma, che è la residenza estiva del Papa.
Anche se il Vaticano si trova _____ Italia, il **Concordato** del 18 febbraio 1984 ha stabilito la separazione di fatto _____ la Chiesa e lo Stato italiano.

> Ci sono altri Stati indipendenti in Italia? Parliamone con l'insegnante!

Attività 9 (a coppie) >

Creiamo un indovinello.

Es. Casa mia, casa mia

"Apro l'uscio del mio guscio, la mia casa è una roulotte.
Me ne vado per il mondo, scivolando lentamente.
Esco soprattutto quando ha piovuto a catinelle..."

Chi sono?

____

____

____

E ora giochiamo!

Aiutiamo la principessa a ritrovare i suoi rospi, per poterli baciare e scoprire se per caso, fra loro, c'è un principe...

in fondo a | sopra | in cima | dentro

accanto | vicino | dietro | in mezzo a | fra

davanti | sotto | lungo | intorno a

Attività 10 >

Completiamo i dialoghi con le preposizioni indicate:

Stefano: «Sono preoccupato: aspetto notizie ____ mio fratello già ____ diversi giorni!»

Laura: «Ma non è partito ____ delle ricerche ____ Amazzonia?»

Stefano: «Proprio così: adesso dovrebbe trovarsi ____ cuore ____ foresta vergine.»

Laura: «E allora ____ certo gli sarà difficile trovare un telefono!»

da/di/di/nel/in/della/per

Attività 11 >

Continuiamo.

Moglie: «Caro, ho appena visto ____ televisione un programma ____ cani ____ guardia. Dovremmo proprio comprarne uno!»

Marito: «Ma ____ solito sono cani feroci che hanno bisogno ____ molto spazio. Noi abitiamo ____ un appartamentino...»

Moglie: «Però che figurone farebbe ____ nostro giardino!»

Marito: «Tesoro, non preferiresti ____ caso un bel gattino?»

nel/in/sui/di/da/di/in/per

Attività 12 >>>

Continuiamo.

Passeggero: «____ favore, signor conducente, questo autobus va ____ Via Pietrapiana? Devo andare ____ Poste centrali ____ spedire una lettera ____ miei carissimi zii che abitano ____ Stati Uniti...»

Conducente: «Certo, salga. Ci arriveremo ____ quattro fermate: e non dimentichi ____ mandare i miei saluti ____ suoi zii ____ America!»

alle/fra/di/in/per/negli/ai/per/ai/in

Punto e ... a capo!

Inseriamo le preposizioni semplici o articolate.

1. ____ chi è questo ombrello? **2.** Gli stivali che ho comprato sono ____ pelle nera, eleganti e ____ il tacco alto. **3.** Abdil è marocchino e studia l'italiano ____ tre mesi. **4.** ____ chi parli? ____ Mariangela. **5.** ____ un mese vado ____ Francia ____ Montpellier ____ studiare francese. **6.** ____ quello scaffale ci sono i cd ____ musica rap. **7.** Il viaggio ____ l'Eurostar ____ Napoli ____ Milano è veloce ma molto caro. **8.** ____ questo locale è vietato fumare. **9.** Il bagno è ____ fondo ____ quel corridoio ____ destra. **10.** Pronto Saverio? Dove sei? Sono ____ Tiberio e Luca ____ discoteca. **11.** ____ che colore è il tuo abito ____ sposa? **12.** ____ Sardegna c'è un mare bellissimo. **13.** ____ che ora hai detto che parte il treno? **14.** Penso ____ arrivare tardi questa sera. **15.** Non riesco ____ fare nulla: sono stanchissimo. **16.** Domani devo assolutamente andare ____ dentista. **17.** Vieni ____ noi ____ festa ____ compleanno ____ Eva? **18.** Sono ____ Italia ____ due mesi e mi trovo benissimo. **19.** Quando partite ____ Amsterdam? **20.** ____ quanto tempo rimani qui ____ Roma?

Scegliamo una delle due soluzioni proposte.

1. Sono andato ___ scuola ___ piedi.	□a. a/in	□b. a/a
2. Hai finito ___ di costruire il modellino?	□a. di	□b. a
3. Domani Giuseppe parte ___ l'India.	□a. per	□b. in
4. Ho fatto una lezione ___ storia d'Italia.	□a. della	□b. sulla
5. ___ cucina ci sono i piatti ___ lavare.	□a. in/da	□b. in/per
6. È rimasta ___ due mesi in Giappone.	□a. da	□b. per
7. Ho visto un bel film ___ televisione.	□a. alla	□b. a
8. Sono stata ___ parrucchiere ___ Eva.	□a. dal/di	□b. al/per
9. Metti i guanti ___ lana che fa freddo.	□a. da	□b. di
10. Lei ha continuato ___ credere ___ te.	□a. a/in	□b. di/a

Unità 9

Perché sì!

Interrogatorio in famiglia

Mario: «Ciao, amore, come stai?»
Lucilla: «Ti sembra questa l'ora di rientrare? Dove sei stato?»
Mario: «A lavorare...»
Lucilla: «Sei sicuro? E a che ora sei uscito?»
Mario: «Alle 6, come sempre. Non capisco, perché...»
Lucilla: «E allora perché sei arrivato a quest'ora?»
Mario: «Veramente sono andato al bar a prendere...»
Lucilla: «Con chi?»
Mario: «Con Luca, il mio collega, siamo andati insieme in centro a...»
Lucilla: «Certo! Lui va a fare le passeggiate in centro!... Perché non sei venuto subito a casa?»
Mario: «Lucilla! Basta! Tieni, questo è per te.»
Lucilla: «Che cosa mi dai?»
Mario: «Apri il pacchetto e guarda.»
Lucilla: «Mario, ma ... È bellissimo...»

> **Secondo te che cosa c'è nel pacchetto?**
> **Che cosa succede ora? Proviamo a concludere la storia.**

E ora costruiamo insieme le domande.

______________________	A lavorare.
______________________	Alle 6.
______________________	È andato al bar con Luca.
______________________	Un collega di Mario.
______________________	Un pacchetto.

Idea!

Facciamo il punto!

Gli interrogativi.

I pronomi interrogativi sono: Chi | Che / Che cosa / Cosa | Quale,i | Quanto,a,i,e

Gli aggettivi interrogativi sono: Che | Quanto,a,i,e | Quale,i

Gli avverbi interrogativi sono: Perché | Quando | Come | Dove

Per capire come si usano, osserviamo gli esempi qui sotto.

Chi ha fatto questo lavoro? A **chi** hai regalato il libro? **Che cosa** hai mangiato? **Cosa** è successo a tua sorella? **Qual** è la casa del tuo ragazzo? **Quale** auto compri? **Quali** sono gli esercizi per domani? **Quanti** bambini hai? **Quante** persone ci sono al cinema? **Dove** si trova la banca? **Quando** parti per Bucarest? **Perché** non vieni in vacanza con noi? **Come** fai a tornare a casa, ora?

Nota:

Alcuni interrogativi possono essere usati anche come **esclamativi**.

Es. Che bella giornata!
Quanti amici che hai!
Come sei carina!

Attività 1 >>

Inseriamo l'interrogativo giusto.

1. ____________ ragazzo ha detto quelle cose?
2. ____________ costa questo cappotto?
3. ____________ ti ha invitato alla festa?
4. ____________ hai preso per secondo?
5. ____________ scarpe hai comprato ieri?
6. ____________ non cominci a studiare bene?
7. ____________ spettacolo hai visto a teatro?
8. ____________ fiori ci sono nel tuo giardino?
9. ____________ si trova il ristorante cinese?
10. ____________ comincia il corso di ballo?

?

Attività 2 >>>

Costruiamo delle domande usando le parole date.

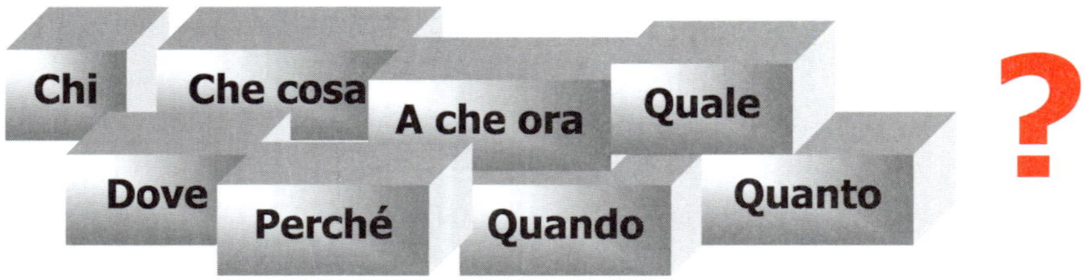

1. **A che ora** vai **a scuola**?
2. ______
3. ______
4. ______
5. ______
6. ______
7. ______
8. ______

Attività 3 *Parliamo insieme*

Nel dialogo, Lucilla, la moglie di Mario, sembra una persona molto gelosa, mentre il marito appare tranquillo.

. E tu, sei geloso/a? In una scala da 1 a 10, quanto sei geloso/a?
. Quali atteggiamenti sono tipici dell'uomo geloso? E della donna gelosa?
. "La gelosia fa bene all'amore": è vero o falso?
. Qual è la differenza tra il tipo geloso e il tipo possessivo?
. Si può essere gelosi di un figlio? E di un amico?
. Qual è la differenza fra la gelosia e l'invidia?
. Gli italiani, secondo te, sono gelosi?

E ora giochiamo!

L'insegnante scrive su un foglio il nome di un personaggio famoso vivo o morto, italiano o straniero, e lo mostra a uno studente. Gli altri studenti devono fare tante domande su questo personaggio senza chiederne il nome. Si può rispondere solo con un sì o un no.
Vince lo studente che indovina per primo il personaggio.

Buon divertimento!

Italia & Italia

Affittasi...

Aiutandoci con il dizionario, collochiamo ogni annuncio nella regione giusta.

A.A.A. AFFITTASI bungalow vista mare, 4/8 posti letto, con veranda e giardino nei pressi di Tropea.

A.A. AFFITTASI maso per fine-settimana periodo invernale, 8 posti letto, grande salone con caminetto.

A.A. VENDESI casa colonica nel Chianti parzialmente da ristrutturare, con 10 ha di terreno coltivato a ulivi.

AFFITTASI monolocale arredato con vista sul Ponte di Rialto, calle principale.

AFFITTASI trullo settimanalmente, stagione estiva, 4 posti letto.

VENDESI villetta a schiera bifamiliare zona sud di Modena tre camere, sala, cucina e tavernetta, 2 garage e giardino.

In quale di questi posti ti piacerebbe abitare per un po'? E per sempre?

A coppie, scegliamo una località e rispondiamo all'annuncio con un messaggio di posta elettronica.

____

____

____

«Scusi, per andare...»

Turista: «Scusi, sa dirmi come posso arrivare al Duomo?»
Passante: «Vuole andare in autobus o a piedi?»
Turista: «Preferisco in autobus.»
Passante: «Può prendere il numero 1, qui vicino, in Piazza delle Cure.»
Turista: «Bene, e... dove posso comprare il biglietto?»
Passante: «Qui, al bar dietro l'angolo.»
Turista: «Grazie. Mi sa dire più o meno quando devo scendere?»
Passante: «Ah, mi dispiace, ma questo deve chiederlo all'autista.»
Turista: «Grazie mille, arrivederci.»

> Dove deve andare il turista? ____________________
> Con quale mezzo decide di andare? ____________________
> Dove può comprare il biglietto? ____________________

Parole parole...

Muoversi in città.

Chiedere indicazioni

Scusi, per andare in Via...?
Può dirmi dove si trova...?
Devo andare in Piazza..., può aiutarmi?
Scusi, sa indicarmi la Banca più vicina?

Dare indicazioni

Deve andare sempre dritto
Deve girare a destra/sinistra
Deve prendere la prima/seconda strada...
Deve proseguire fino a...
Al semaforo a destra.
Di fronte / davanti / dietro...
Alla rotonda; allo stop...
La traversa; l'incrocio; il corso; il viale; il vicolo; l'isolato.

> Dove abiti?
> Ci spieghi la strada per venire a scuola da casa tua?
> Dove si trova il supermercato più vicino?
> Dove si trova l' ufficio postale più vicino?
> Abiti in centro o in periferia? Abiti in un appartamento o in una casa?

Curiosità: come si chiamano le vie e le piazze di Venezia? E i quartieri di Siena?

E ora giochiamo!

Utilizziamo la cartina della città dove ci troviamo. L'insegnante indica alcuni luoghi da raggiungere partendo dalla scuola (musei, parchi, farmacie, ecc.). Gli studenti descrivono la strada più breve da percorrere. Lavoriamo a coppie o a gruppi.

Buon divertimento!

Di tutto un po'

"Ma chi ti ha dato la patente?"

Nel traffico.

Uniamo le espressioni sinonime delle due colonne.

Motoraduno	Motociclista
Guidare come un pazzo	Procedere lentamente
Guidatore della domenica	Provocare un blocco del traffico
Pirata della strada	Non rispettare il rosso / lo stop
Andare come una lumaca	Guidare in modo pericoloso
Centauro	Guidatore inesperto
Restare imbottigliati nel traffico	Accelerare al massimo
Andare a tavoletta	Riunione di motociclisti
Creare un ingorgo	Guidatore che investe un pedone
Bruciare il semaforo / lo stop	Rimanere bloccati in coda

Una visita guidata

Una guida accompagna dei turisti a visitare una chiesa romanica.

Guida: «Signori, potete ammirare questi begli archi a tutto sesto, tipici dell'architettura romanica. Questo stile...»

Turista: «...è davvero molto sobrio ed essenziale. Non ha però lo slancio del gotico, vero signorina?»

Guida: «Sì. Basta confrontare questi archi con quelli gotici a sesto acuto.»

Turista: «Senta signorina, come si chiama questa parte di chiesa trasversale alle navate?»

Guida: «Si chiama transetto: è praticamente il braccio corto di una croce latina. Invece questa parte dietro l'altare maggiore...»

Turista: «Io lo so! Si chiama abside: che begli affreschi ci sono! Signorina, quelli là sono pilastri, vero?»

Guida: «No, quelle sono colonne. Sono di stile dorico,uno dei tre ordini dell'arte greca. Gli altri due si chiamano...»

Turista: «...ionico e corinzio, e sono più complessi e decorati!»

Guida: «Complimenti! Lei è molto bravo: forse non ha bisogno di me...»

Come si dice...

Rivediamo il lessico dell'arte e parliamone insieme all'insegnante:

Arco a tutto sesto **Transetto** **Colonna** **Stile dorico** **Navata**
Arte romanica **Croce latina** **Altare maggiore** **Pilastro**
Affresco **Gotico** **Ordini dell'arte greca**
Arco a sesto acuto **Abside** **Ionico** **Corinzio**

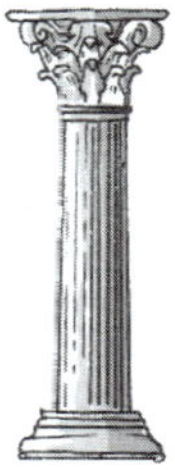

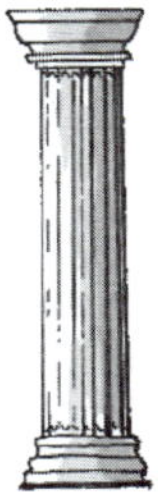

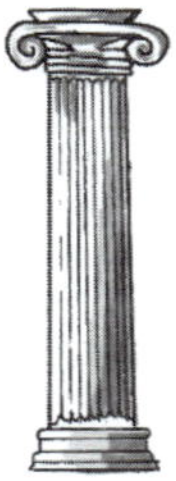

Qual è il nome di ciascuno di questi disegni?

Un'idea in più

L'insegnante fotocopia immagini di monumenti o di interni di chiese (si possono anche utilizzare cartoline turistiche...) e le distribuisce alla classe. Gli studenti descrivono tutti gli elementi da loro conosciuti.

Es. Il Duomo di Milano è un esempio di gotico perché è molto slanciato e gli archi sono a sesto acuto.

Variante: l'insegnante nomina alcuni elementi architettonici e/o artistici e, se gli studenti ce l'hanno, lo segnalano.

Es. Chi ha un'abside? Chi ha una colonna dorica?

Idea! Facciamo il punto!

I dimostrativi: "questo" e "quello".

I dimostrativi possono essere pronomi o aggettivi.

. Sono pronomi quando non c'è il nome a cui si riferiscono.

Es. Che cos'è quello? E questo come si chiama?
Tutt'e due le gonne sono belle, ma io preferisco questa.

. Sono aggettivi quando accompagnano il nome.

Es. Queste colonne sono doriche; questi archi sono a tutto sesto.
Questa chiesa è la più antica della città.

Guardiamo insieme le forme dei **pronomi**.

Singolare	Plurale
questo	**questi**
questa	**queste**

Singolare	Plurale
quello	**quelli**
quella	**quelle**

"Questo" si usa per indicare qualcosa vicino a noi, mentre "quello" si usa per indicare qualcosa un po' più lontano.

Es. Vorrei vedere quel vestito in vetrina.
Quale? Questo qui? Quello là in alto?

Attività 4 >>

Mettiamo "questo,a,i,e" o "quello,a,i,e" e gli interrogativi.

Adalberta: «Buongiorno. Vorrei un etto di prosciutto.»
Salumiere: «_______ preferisce? _______ qui o ...»
Adalberta: «Guardi, _______ lì a me non piace per niente. Si vede che è pieno di conservanti! Mi dà _______ là che mi sembra più bello?»
Salumiere: «_______? _______ sull'affettatrice?»
Adalberta: «Sì, grazie. Poi vorrei del parmigiano grattugiato.»
Salumiere: «Bene. _______ ne vuole? Due etti?»
Adalberta: «No, per carità, tra due giorni è già secco. Un etto è più che sufficiente.»
Salumiere: «Altro?»
Adalberta: «Ha delle mozzarelline fresche?»
Salumiere: «Ho _______ qui in vetrina, _______ ne vuole?»
Adalberta: «No, _______ no! Sono gialle e non le voglio! Basta così. _______ è?»
Salumiere: «Sono 8 euro e novanta.»
Adalberta: «Piuttosto caro, eh? Ecco a Lei! Buongiorno.»
Salumiere: «Arrivederci, signora.»
Adalberta: «Signorina, prego!»

Attività 5 >>

Ti piace fare la spesa nei piccoli negozi o preferisci andare al supermercato? Perché?

Scriviamo una lista di cose positive e negative che riguardano la spesa fatta nei negozi o fatta al supermercato.

	Cose positive	**Cose negative**
Piccoli negozi	_______________	_______________
	_______________	_______________
	_______________	_______________
Supermercato	_______________	_______________
	_______________	_______________
	_______________	_______________

Idea! Facciamo il punto!

Ora, invece, guardiamo insieme come funzionano gli **aggettivi**.

Le forme dell'aggettivo **"quello"** e le forme dell'aggettivo **"bello"** sono simili a quelle dell'articolo determinativo, mentre l'aggettivo **"questo"** si presenta con una struttura più semplice.

SINGOLARE	PLURALE
Maschile	
questo cane	questi cani
quest'orso	questi orsi
Femminile	
questa gallina	queste galline
quest'oca	queste oche
Maschile	
quel cane	quei cani
quello scarafaggio	quegli scarafaggi
quell'orso	quegli orsi
Femminile	
quella gallina	quelle galline
quell'oca	quelle oche

SINGOLARE	PLURALE
Maschile	
bel cane	bei cani
bello scoiattolo	begli scoiattoli
bell'orso	begli orsi
Femminile	
bella farfalla	belle farfalle
bell'oca	belle oche

Esempi:

Che bella giornata, oggi! Che bel sole!
Quel ragazzo non mi piace!
Quest'anno vado in vacanza in Egitto.
Quegli studenti sono islandesi.

Notiamo: normalmente l'aggettivo segue il nome, ma talvolta lo precede, come nel caso dell'aggettivo "bello" e degli aggettivi dimostrativi.

Attività 6 >>

Inseriamo quello; quell'; quel; quella; quegli; quei; quelle.

1. _________ che dici non è vero. **2.** Conosci per caso _________ due ragazzi? **3.** _________ oggetti in vetrina sono tutti belli. **4.** Scusa, mi puoi passare _________ guanti? **5.** _________ oca è veramente molto buffa. **6.** _________ studentesse sono straniere. **7.** Vedi _________ pacco sul tavolo? E' un regalo per te! **8.** _________ altezzosa di Lavinia si crede una donna importante. **9.** _________ pigiama è proprio bruttissimo. **10.** _________ borsa in vetrina deve essere mia!

Attività 7 >>>

Inseriamo questo, quello o bello, declinati secondo il contesto.

Valerio: «Che ______ vestito hai!»
Giada: «______? Figurati! L'ho comprato al mercato!»
Valerio: «Quale? ______ in centro?»
Giada: «No... a Roma, ma ora non mi viene in mente il nome: ______ mercato famoso... C'è anche una canzone di Claudio Baglioni.»
Valerio: «Ah, ______! "Porta Portese"!»
Giada: «Sì, proprio ______!»
Valerio: «Ma, scusa, cosa ci facevi a Roma?»
Giada: «Ho fatto una ______ gita con i miei amici. Abbiamo visto tante ______ cose e ci siamo divertiti un sacco!»

Di tutto un po'

Non esiste solo **molto bello**, ma anche altri aggettivi.

magnifico
fantastico
"super"
stupefacente
meraviglioso
favoloso
"forte"
stupendo
indimenticabile
sbalorditivo

> Proviamo insieme all'insegnante ad assegnare un nome adatto per ogni aggettivo: ci sono molte possibilità!

*Es. Un ragazzo veramente **forte**.*
*Una bambina **favolosa**.*

> Ora, a coppie, scegliamo il giusto aggettivo positivo e inseriamolo.

La lingua italiana ______
La festa di compleanno ______
I musei italiani ______
L'anello di fidanzamento ______
La cucina italiana ______

Punto e ... a capo!

Inseriamo la scelta corretta.

1. _______ gelato vuoi?
2. _______ viene con noi?
3. _______ studenti ci sono?
4. _______ vino non mi piace.
5. _______ bambini sono vivaci.
6. _______ è andato Piero?
7. _______ qui mi piace.
8. _______ aula è stretta e buia.
9. _______ maglione qui è caro.
10. _______ vestito ti sta male.
11. _______ arriva Leonardo?
12. _______ la tua borsa nuova!

Scegliamo!

☒a. o ☒b. ?

1.	□a. quale	□b. qual
2.	□a. che	□b. chi
3.	□a. quanti	□b. che cosa
4.	□a. questo	□b. quello
5.	□a. quelli	□b. quei
6.	□a. dove	□b. chi
7.	□a. questo	□b. quello
8.	□a. quel	□b. quell'
9.	□a. quel	□b. questo
10.	□a. questo	□b. quell'
11.	□a. quando	□b. che cosa
12.	□a. bella	□b. quella

Completiamo le domande inserendo l'interrogativo mancante.

1. _____________ costa questo maglione?
2. _____________ hai deciso di partire?
3. Di _____________ vuoi parlare con Antonio?
4. _____________ libro hai letto ieri sera?
5. _____________ è la tua nuova macchina?
6. _____________ hai incontrato ieri a lezione?
7. _____________ non hai ancora pulito la camera?
8. _____________ pensi di andare in ferie?
9. _____________ andate? È tardi per uscire.
10. _____________ avete invitato alla festa?
11. _____________ abiti? In _____________ strada?
12. _____________ ieri non siete venuti in piscina?
13. _____________ dura il film che vuoi vedere?
14. A _____________ hai telefonato poco fa?

Unità 10

Ci riguarda tutti.

"Regaliamo dignità"

Duccio: «Quest'anno, per Natale, vorrei fare dei regali diversi dal solito; non so... con più significato...»
Nicola: «È vero: anch'io sono stanco di questo consumismo!»
Duccio: «Sai, ho visto uno slogan scritto sulla porta di un piccolo negozio in centro: "Regala dignità".»
Nicola: «**L'**ho visto anch'io: è lo slogan di alcune botteghe che praticano il commercio "equo e solidale". **Le** conosci?»
Duccio: «Sì, **le** conosco: acquistano prodotti dai paesi del terzo mondo, ma direttamente da chi **li** produce, così il prezzo non sale. Inoltre deve essere garantito un trattamento dignitoso per chi lavora: un salario equo e condizioni di lavoro sicure.»
Nicola: «Così possiamo impedire lo sfruttamento di tante persone... e di tanti bambini! Infatti, devono essere rispettate le convenzioni internazionali sui diritti dell'uomo! **Ne** parla sempre la mia ragazza: ormai **la** conosci: è così impegnata socialmente!»
Duccio: «Non possiamo fare molto per una vita più degna per tutti, ma è comunque qualcosa: compriamo, per esempio, qualche regalo "dignitoso" per i nostri amici! Andiamo a sceglier**lo** insieme?»
Nicola: «Con piacere: anche se non spendiamo molto, possiamo fare un doppio regalo!»

> Perché nel testo si parla di «doppio regalo»?
> E tu, conosci il mercato equo e solidale?
> Hai mai acquistato caffè, cioccolato, cestini o tessuti nelle botteghe che fanno commercio etico?
> Che cosa pensi dei lavoratori del Terzo Mondo?
> E dei regali che si fanno per Natale?

Idea! *Facciamo il punto!*

Osserviamo queste frasi del testo:

«Conosci il commercio equo? Sì, **lo** conosco.»
«Acquista prodotti da chi **li** produce.»

> Le parole in neretto si chiamano **pronomi diretti** e sostituiscono delle parole che non vogliamo ripetere. Per esempio, nella prima frase il pronome **lo** significa "il commercio equo", mentre nella seconda frase **li** significa "i prodotti".

Vediamo subito anche i **pronomi indiretti** per confrontarli insieme:

Aldo: «Senti, Mara, voglio fare un regalo a Massimo, ma chissà che cosa **gli** piace!»
Mara: «Da quando lo conosco è appassionato di cinema: **gli** piacciono da morire i film dei neorealisti italiani.»
Aldo: «Allora **gli** compro un DVD dell'opera completa del regista Dino Risi.»
Mara: «Se tu **gli** regali un DVD io devo prestar**gli** il mio lettore DVD. Infatti fino ad ora **mi** ha chiesto sempre il videoregistratore: io **gli** presto tutto volentieri, però in cambio **gli** chiedo di invitarmi a guardare i film a casa sua...»
Aldo: «**Ti** piace molto Massimo, vero? **Vi** vedo bene come coppia.»
Mara: «Sì, **ci** piace stare insieme! E poi ha ottimi gusti in fatto di cinema!»

> **I pronomi indiretti** sostituiscono il nome preceduto dalla preposizione "**a**".
>
> *Es. **Mi** vuoi bene (vuoi bene **a me**)? Sì, **ti** voglio bene (voglio bene **a te**).*
> *Cosa regali **a Katia**? **Le** (**a lei**) regalo un DVD.*

Adesso guardiamo la pagina successiva e...
... Ecco lo schema di tutti i pronomi!

diretti	indiretti
mi	mi
ti	ti
lo	**gli**
la	**le**
La	**Le**
ci	ci
vi	vi
li	**gli (loro)**
le	**gli (loro)**

I pronomi si trovano generalmente prima del verbo. Con l'Infinito e altre forme che vedremo in seguito, si trovano invece dopo il verbo.
Qualche volta il pronome diretto sostituisce una frase intera.

*Es. Sai a che ora parte il traghetto per Messina? No, non **lo** so.*

Il pronome partitivo **ne** verrà trattato nella pagina successiva.

Attività 1 >

Chi? Che cosa?

1. La mangio tutti i giorni ________________
2. Lo vedo ogni mattina ________________
3. Le compro quando ho fame ________________
4. Li vedo durante il fine-settimana ________________
5. La seguo quando sono grasso/a ________________
6. Li insegue il poliziotto ________________
7. La prendiamo quando stiamo male ________________
8. Lo chiami se hai perso le chiavi di casa ________________
9. Lo mangiamo a Natale ________________
10. Li acquistiamo in profumeria ________________

Attività 2 >

A chi?

1. Gli voglio tanto bene ________________
2. Le mando un mazzo di fiori ________________
3. Gli dai i soldi dell'iscrizione ________________
4. Le chiedete di parlare più lentamente ________________
5. Gli telefoniamo il venerdì sera ________________
6. Gli domandate un'informazione ________________
7. Gli scriviamo una lettera di protesta ________________
8. Raccontiamo loro un sacco di bugie ________________
9. Le spedisco una valigia di vestiti firmati ________________
10. Gli regalo dei pantaloni di pelle nera ________________

Idea! Facciamo il punto!

Il "ne" partitivo.

Il pronome **ne** si usa quando parliamo di quantità e quindi risponde alla domanda "**quanto?**".

*Facciamo la pizza e **ne** mangiamo due pezzi (Quanta pizza? Due pezzi!).*
*Vuoi del tè? Sì, grazie **ne** prendo volentieri una tazza (Quanto tè? Una tazza!).*

Questo pronome segue le stesse regole dei pronomi diretti, ma non si apostrofa mai.

*Vuoi la torta? Sì, **la** voglio mangiare **tutta** io!*
*No, **ne** ho già mangiata **troppa**. - Sì, **ne** prendo volentieri **un morso**.*
*Sì, **ne** vorrei **una fetta**. - Ho conosciuto tanti ragazzi simpatici e interessanti, ma non **ne** ho sposato **nessuno**.*

Attività 3 >

Inseriamo i pronomi ne, lo, la, li, le.

1. Quanti panini vuoi? ___ voglio tre: ho fame. **2.** Vuoi bere della birra? Sì, grazie ___ prendo una lattina. **3.** Conosci Monica, mia cugina? Sì, ___ conosco bene. **4.** Conosci una buona trattoria? No, non ___ conosco nessuna. **5.** Quanto latte metti nella torta?___ metto poco. **6.** Compri tu il pane, per favore? Sì, ___ prendo io. **7.** Quanto pane compri? ___ compro due Kg. **8.** Hai sete? Vuoi dell'acqua? Sì, grazie ___ posso avere un bicchiere? **9.** Conosci i miei amici? Certo, ___ conosco tutti. **10.** Mi hai preso l'aspirina? Sì, ___ ho comprat_ stamattina. **11.** Hai letto le riviste? Sì, ___ ho lett_ tutte. **12.** Hai stirato le camice, caro? Non ancora, ___ ho stirat_ solo la metà. **13.** Ho visto molti abiti, ma non ___ ho comprat_ nessuno. **14.** Hai ridipinto la cucina? Sì, ___ ho ridipint_ completamente.

Attività 4 >>

Alcune delle risposte sono sbagliate. Correggiamole insieme.

Compriamo le banane?	Sì, le prendiamo 1 kg.
Prendiamo le pere?	Va bene. Ne prendiamo alcune.
E i limoni?	No, ne abbiamo già due a casa.
Compriamo il pane?	Sì, lo prendo volentieri un po'.
E la carne?	No, non la voglio prendere.
Vuoi prendere il pesce?	Sì, ne prendo.
E poi? Il caffè?	Sììì! ne prendiamo un pacchetto.

giusto
o
sbagliato
?

Attività 5 >>

Inseriamo i pronomi diretti.

1. Mi piace un sacco la moda italiana: ____ seguo con interesse! **2.** Ci interessano le civiltà antiche: ____ studiamo all'università. **3.** Ti piacciono i film neorealisti: ____ guardi anche con gli amici? **4.** Ci piacciono le discoteche alla moda: ____ conosciamo tutte. **5.** Parlo spesso con Paolo: ____ chiamo anche stasera. **6.** Mi affascinano gli sport pericolosi: ____ pratico tutti. **7.** Con chi è scappata tua moglie? Non ___ so e non ___ voglio sapere! **8.** Disprezzo le persone arroganti: ____ ritengo stupide. **9.** Controllo la mia salute con gli esami del sangue: ____ faccio spesso. **10.** Carla e Angela praticano yoga: ____ fanno tutti i giorni. **11.** Mangiamo molta verdura fresca: ____ mettiamo sempre in tavola. **12.** Sai quando cominciano le lezioni di piano? No, ma ___ domando a Giorgio.

Attività 6 >>

Inseriamo i pronomi indiretti.

1. Quando scrivi ad Aurora? ____ scrivo stasera. **2.** Quando parli con Luca? ____ parlo domani. **3.** Come ____ sta questa gonna? Bene, ____ sta a meraviglia! **4.** Chi telefona al dottore per fissare un appuntamento? ____ ha già telefonato papà. **5.** Che cosa regaliamo a Mattia e Isabella per il loro matrimonio? ____ regaliamo una videocamera. **6.** Signora Poli, adesso l'ingegner Rossi è fuori città, ____ consiglio di richiamare più tardi. **7.** Che cosa vi ha detto Giampiero? ____ ha detto di passare a prenderlo alle otto. **8.** Signor Terenzio, ____ ho già detto di non parcheggiare la Sua auto davanti al passo carrabile. **9.** Andiamo da Adriana: dobbiamo restituir____ i CD che ci ha prestato il mese scorso. **10.** Avete una famiglia splendida: dobbiamo far____ i complimenti.

E ora giochiamo!

L'insegnante prepara dei cartoncini con scritte domande che presuppongono risposte con i pronomi indiretti e li distribuisce alle varie coppie di studenti che devono cercare di dare due risposte differenti: possibilmente una verosimile e una buffa o assurda. Esempio di domanda/risposte:

*Chi scrive alla rubrica "Cuori solitari"? **a**) le scrive la signorina Drusilla, perché cerca marito. **b**) le scrive il dr. Tilli, perché fa il cardiologo.*
Buon divertimento!

Attività 7 >>

Completiamo le domande con le parole mancanti, scegliendo tra quelle date, facendo riferimento ai pronomi indicati nelle risposte.

1. Chi compra __________? La compra Marco. **2.** Prendi tu __________? Sì, lo prendo io quando torno. **3.** Da quanto tempo Sofia porta __________? Li porta da un anno. **4.** Prendi __________ sulla scrivania, per favore? Sì, le prendo subito. **5.** Hanno suonato? Apri tu __________? Sì, l'apro io. **6.** Chi accompagna __________ a casa? Le accompagna Claudio. **7.** Compri tu __________ al supermercato? Sì, li compro io. **8.** Chi paga __________? No, questa volta non lo pago io!

Il pane
la finestra
le buste
la porta
il conto
i miei amici
i salumi
la birra
gli occhiali
le mie cugine
le patate.

Di tutto un po'

Parliamo di Televisione.

> Quante ore al giorno passi davanti alla televisione?
> Il regista Dino Risi ha definito la televisione "l'oppio dei popoli". Tu che ne pensi?
> Dove trovi l'informazione migliore: alla televisione, sui giornali o su Internet?
> Che tipo di programma preferisci?

documentari **telegiornali** **"talk-show"** **telefilm** **quiz** **meteo** **cartoni animati** **pubblicità** **economia & borsa** **dibattiti** **video musicali** **varietà** **sport** **film** **lotterie** **teleromanzi**

Un'idea in più

L'insegnante si procura quotidiani o guide TV su cui gli studenti possono consultare i programmi, sceglierne alcuni e spiegare il perché.
In una classe di livello più alto si può proporre di creare a gruppi un palinsesto televisivo.

Come si dice...

Per esprimere opinioni o sensazioni si usano spesso espressioni di questo tipo:

- **Mi annoia**
- **Mi interessa**
- **Mi angoscia**
- **Mi diverte**
- **Mi stressa**
- **Mi infastidisce**
- **Mi fa schifo**
- **Mi piace**
- **Mi incuriosisce**
- **Mi spaventa**
- **Mi rilassa**
- **Mi commuove**
- **Mi fa arrabbiare**

> **Con ogni espressione, costruiamo una frase che rispecchi le nostre opinioni, idee, sensazioni...**

Es. Mi piace fare le vacanze in tenda.
Il razzismo e l'intolleranza mi angosciano.

Idea! Facciamo il punto!

Il Participio passato si accorda per genere e numero (maschile, femminile, singolare, plurale) solo con i pronomi diretti.
*Es. Ho visto una gonna e **l'**ho comprat**a**.*
*Ho comprato le ciliege e **le** ho mangiat**e**.*

Attenzione: i pronomi plurali (come gli articoli) non si apostrofano mai.

Attività 8 >>>

Inseriamo i pronomi diretti e mettiamo la terminazione corretta al Participio passato.

Ieri ho cucinato un ottimo piatto toscano: la pappa al pomodoro.
Ho preso il pane raffermo e ___ ho tagliat_ a fette sottili. In una pentola ho messo un po' d'olio extravergine d'oliva, poi ho tagliato i pomodori freschi a dadini e ___ ho buttat_ nella pentola insieme al pane. A parte ho fatto scaldare del brodo vegetale e ___ ho aggiunt_ poco a poco mescolando spesso. Quando il tutto è diventato morbido ho preso due cucchiaiate di olio e ___ ho aggiunt_ insieme ad un po' di basilico fresco.
___ ho mangiat_ insieme ai miei amici che __ hanno trovat_ squisita.

Italia & Italia

Città che vai, dolce che trovi.

Colleghiamo ogni dolce a una regione e se è possibile con una città.

panforte | ricciarelli | cassata | pastiera | pandoro

cantuccini

strudel

crostata

cioccolato

babà

panpepato

cannoli

Alcuni dolci sono legati a ricorrenze o feste particolari.
Scegliamo fra le due opzioni proposte.

confetti	**matrimonio o Pasqua?**
panettone	**Natale o Ferragosto?**
cenci; frappe; chiacchiere	**Capodanno o Carnevale?**
carbon dolce	**Epifania o compleanno?**
frittelle	**Primo maggio o San Giuseppe?**
colomba	**Pasqua o San Valentino?**

Parole parole...

L'italiano è una lingua ricca di sinonimi e sfumature: con l'uso di aggettivi diversi esprimiamo una maggiore o minore intensità.
Per esempio, di un cibo si può dire, in una scala da negativo a positivo:
immangiabile > disgustoso > cattivo > passabile > abbastanza buono > buono > delizioso > squisito > ottimo.

Ora, proviamo a fare la stessa cosa con gli aggettivi seguenti:

minuscolo ______________________________ **enorme**

orribile ______________________________ **stupendo**

Punto e ... a capo!

Colleghiamo le domande con le risposte giuste.

1. Prendi un panino?
2. Compri il biglietto dell'autobus?
3. Guardi la televisione?
4. Prepari la tavola, per favore?
5. Prendi le chiavi?
6. Prendi lo zucchero, per piacere?
7. Guardi le vetrine del centro?
8. Compri i vestiti ai saldi?

Sì, lo prendo
Sì, le guardo
Sì, le prendo
No, non lo prendo
No, non lo compro
Sì, la guardo molto
Sì, li compro
Sì, la preparo subito

Rispondiamo alle domande usando un pronome.

1. Hai mangiato le patatine fritte? Sì, ____________________
2. Hai portato i pantaloni in lavanderia? No, ____________________
3. Pietro ha ritirato il biglietto aereo? No, ____________________
4. Avete studiato la Divina Commedia? Sì, ____________________
5. Carla, hai fatto la dieta? No, ____________________
6. Avete chiuso voi il gas prima di uscire? Sì, ____________________
7. Abbiamo messo le medicine in valigia? Sì, ____________________
8. Hanno già discusso la tesi di laurea? No, ____________________

Inseriamo i pronomi diretti o indiretti.

1. Giorgio prende la macchina e ___ mette in garage. **2.** Francesco spedisce messaggi di posta elettronica ai suoi amici: ___ scrive ogni fine settimana. **3.** Che cosa hai detto a Elena? ___ ho dett_ che ha fatto bene a lasciare quel lavoro. **4.** Augusto si è laureato e i suoi genitori ___ hanno regalat_ un orologio d'oro. **5.** Accidenti! ho lasciato ancora le chiavi in ufficio: ___ dimentico sempre nel cassetto della scrivania. **6.** Mattia ___ ha regalat_ dei fiori e io ___ ho mess_ in un vaso. **7.** Scusi, signore, sa dirmi dov'è il Palazzo dei Congressi? Mi dispiace, ma non ___ so. **8.** Quando vediamo Luigi e Roberto, ___ diciamo che cosa pensiamo di loro. **9.** Che cosa ___ regali per il mio compleanno? ___ compro una bicicletta nuova. **10.** Che bella conferenza ha fatto, professore! ___ posso chiedere un autografo? **11.** Voi ___ avete detto tante bugie e noi non ___ crediamo più!

Unità 11

Vorrei ma non lo farò!

Un viaggio avventuroso

Simona: «Sai Monica, ho deciso di farmi un regalo: farò un viaggio.»

Monica: «E dove andrai?»

Simona: «Andrò in Messico e in Guatemala, attraverserò le foreste: utilizzerò i mezzi pubblici e, dove non ci saranno, camminerò a piedi.»

Monica: «Fantastico! Quando partirai?»

Simona: «Fra due mesi, quando qui in Europa sarà inverno e là invece farà caldo ma non troppo. Con me verranno anche Leo e Fabio: anche loro vorrebbero fare questo viaggio da tanto tempo.»

Monica: «Avete già prenotato tutto?»

Simona: «No, prenoteremo solo il viaggio aereo di andata e ritorno; al resto penseremo quando arriveremo sul posto.»

Monica: «Ma come farete...non parlate spagnolo, non conoscete nessuno, potrebbe anche essere pericoloso.»

Simona: «Macché! Da lunedì prossimo prenderò lezioni di spagnolo e nel giro di due mesi sarò bravissima! E poi abbiamo comprato una guida con un mucchio d'informazioni. Vedrai, non avremo nessun problema. Inoltre parleremo con la gente, capiremo meglio i loro problemi e prenderemo contatto anche con i volontari che da anni aiutano gli indios. A proposito: stiamo raccogliendo dei fondi e porteremo anche matite, quaderni e penne. Sai, alcuni villaggi hanno bisogno di tutto, soprattutto di medicine: ci aiuterai?»

Monica: «Sicuramente! Conosco un sacco di gente e vedrai quante cose troverò da portare là. Certo che un viaggio come questo piacerebbe anche a me!»

Simona: «Perché non vieni anche tu? Potresti fare qualcosa di utile e ti divertiresti anche un sacco!»

Monica: «Ma sì! Domani parlerò con il direttore e gli chiederò le ferie.»

Idea! Facciamo il punto!

Nel brano precedente ci sono due tempi verbali che ancora non conosciamo: il primo è il **Futuro**.

accent is a hint to future tense

	PARL**ARE**	CHIED**ERE**	CAP**IRE**
io	parl**erò**	chied**erò**	cap**irò**
tu	parl**erai**	chied**erai**	cap**irai**
lui/lei/Lei	parl**erà**	chied**erà**	cap**irà**
noi	parl**eremo**	chied**eremo**	cap**iremo**
voi	parl**erete**	chied**erete**	cap**irete**
loro	parl**eranno**	chied**eranno**	cap**iranno**

LA RICETTA DEL FUTURO

Parl~~are~~ + erò / erai / erà / eremo / erete / eranno.
Chied~~ere~~ + erò / erai / erà / eremo / erete / eranno.
Cap~~ire~~ + irò / irai / irà / iremo / irete / iranno.

*Es. "Domani **parlerò** con il direttore e gli **chiederò** le ferie."*
*"... **capiremo** meglio i loro problemi."*

> Osserviamo: le desinenze dei verbi in -ARE / -ERE sono uguali.

Guardiamo ora le forme del Futuro di **essere** e **avere**.

	ESSERE	**AVERE**
io	sarò	avrò
tu	sarai	avrai
lui/lei/Lei	sarà	avrà
noi	saremo	avremo
voi	sarete	avrete
loro	saranno	avranno

- Uscirai con me, domani?
- No, domani **sarò** molto occupata: **avrò** da fare per tutto il giorno. Credo proprio che **sarà** impossibile vederci.
- E la prossima settimana? **Avrai** un po' di tempo per me? I really think
- Non credo. Penso proprio che non **saremo** mai insieme!

☐ **Nota**: esiste anche il Futuro composto, è meno usato e verrà spiegato nel libro *Idea!Due*.

Attività 1 >

Coniughiamo i verbi al Futuro.

1. Dopodomani __________ (io/comprare) un armadio nuovo. **2.** Quando __________ (voi/prendere) in affitto quell'appartamento? **3.** Chi __________ (partire) con noi per la Nuova Zelanda? **4.** Mirko e Ginetta __________ (studiare) per sei mesi l'inglese a Malta. **5.** Insomma, Luigi quando __________ (smetterla) di criticare tutto? **6.** Mamma, quando __________ (io/diventare) grande __________ (girare) tutto il mondo! **7.** Stasera __________ (noi/chiedere) al nonno di raccontarci una storia e lui __________ (inventare) di sicuro un racconto fantastico! **8.** Samanta e Gianni __________ (prendere) le ferie a settembre. **9.** Domani __________ (io/telefonare) al medico e gli __________ (chiedere) di prescrivermi una medicina per il mal di testa. **10.** Forse Attilio __________ (riuscire) a smettere di fumare, un giorno.

Idea! *Facciamo il punto!*

Il Futuro irregolare. Ecco il primo gruppo!
Proviamo ad unire le forme del Futuro con l'Infinito corrispondente

potrò	**andare**
saprò	**vedere**
vivrò	**dovere**
vedrò	**potere**
andrò	**sapere**
dovrò	**vivere**

Osserviamo!

Visto? Questi verbi hanno perso la "**e**" della desinenza regolare del Futuro:

viv(e)rò → **vivrò**
ved(e)rò → **vedrò**

Il Futuro irregolare. Ecco il secondo gruppo!

Proviamo ad unire le forme del Futuro con l'Infinito corrispondente

vorrò	**venire**
verrò	**rimanere**
terrò	**bere**
rimarrò	**volere**
berrò	**tenere**

Osserviamo!

Questi verbi hanno perso non solo la "**e/i**" della desinenza, ma anche la consonante precedente: per questa ragione raddoppiano la "**r**".
rima(ne)rò → **rimarrò**.

I verbi **dare**, **fare stare** mantengono la vocale tematica "a".
→ **farò**, **farai**, **farà**, **faremo**, **farete**, **faranno**.

Attenzione! Il verbo **volere** è irregolare! Non confondiamolo con il verbo **volare**, che invece è regolare (vorrò ≠ volerò).

Attività 2 >>

Coniughiamo i verbi al Futuro regolare e irregolare.

1. Ludovica __________ (mettere) in ordine il suo appartamento e poi __________ (invitare) gli amici a cena. **2.** Come __________ (noi/fare) a studiare tutto il programma per lunedì? **3.** Per quanti anni ancora __________ (voi/lavorare) prima di andare in pensione? **4.** Dopo la caduta di ieri, come __________ (fare) la zia Marta a muoversi? **5.** Quando __________ (tu/conoscere) lo zio Leonardo __________ (dirmi) se ti piace oppure no. **6.** In futuro il mondo __________ (essere) sempre più sovrappopolato. **7.** Prima di partire per questo viaggio __________ (noi/dovere) studiare bene l'itinerario. **8.** Con chi sei uscita ieri sera? (Tu/non saperlo) __________ mai! **9.** Quando __________ (io/avere) diciotto anni __________ (potere) finalmente comprarmi una bella moto. **10.** Chi __________ (cantare) domani alla "prima" del Comunale?

Di tutto un po'

Gli usi del Futuro: l'incertezza

Si usa il Futuro anche quando non siamo sicuri di qualcosa e parliamo in modo incerto e dubbioso. In questo caso non ha valore temporale.

- Secondo te, quanti anni ha il nostro insegnante?
- Mah! **Avrà** trent'anni... al massimo 35!

- Non ho l'orologio: che ora **sarà**?
- Non so... **Saranno** le due...

Attività 3 >>

Coniughiamo i verbi al Futuro regolare e irregolare.

1. Gli studenti che __________ (fare) bene l'esame __________ (potere) passare al livello superiore. **2.** Questo fine-settimana __________ (noi/andare) a una festa messicana: __________ (bere) tequila e __________ (mangiare) tacos a volontà. **3.** Fra due mesi mio marito ed io __________ (andare) in Giappone e __________ (rimanerci) per dieci anni; sono convinta che là __________ (vivere) molto bene. **4.** Domani __________ (voi/conoscere) un professore di storia che __________ (tenere) un'interessante lezione sull'unità d'Italia. **5.** La segretaria __________ (spedire) le lettere dell'avvocato domani pomeriggio. **6.** Signorina, si ricordi che da domani __________ (io/essere) in ferie e non __________ (volere) essere disturbato per nessun motivo! **7.** Chi __________ (volere) partecipare alla gita della scuola __________ (dovere) iscriversi in segreteria. **8.** La prossima volta __________ (loro/sapere) come comportarsi in situazioni simili.

E ora giochiamo!

L'insegnante porta le cartine di alcuni Paesi e le mostra alla classe. Gli studenti dicono dove gli piacerebbe fare una vacanza e si formano i gruppi in base al paese scelto. Ogni gruppo deve decidere un itinerario da fare, con indicate le tappe precise e i tempi. Devono decidere quando pensano di partire, quanto vogliono restare e quali mezzi di trasporto vogliono usare. In ogni gruppo viene scelto uno studente che illustra alla classe come sarà questo viaggio con tutti i dettagli dell'organizzazione: naturalmente userà il Futuro. Quale sarà il viaggio più bello?

Buon divertimento!

Parole parole...

Cosa diventerà quello che buttiamo via?

Ricicliamo i nostri rifiuti!

I rifiuti sono uno dei problemi più urgenti del nostro tempo, e lo saranno sempre di più.
È una sfida per i governi di tutto il mondo, ma ognuno di noi, nel suo piccolo, può fare qualcosa.
Io, per esempio, a partire da oggi, differenzierò i miei rifiuti. Ogni volta che berrò dell'acqua minerale metterò la bottiglia **di plastica** o **di vetro** nella speciale "**campana**": si trasformerà così in una nuova bottiglia; la plastica potrà anche diventare filo per tessuti e vestiti da indossare!
Se getterò i vecchi giornali e le scatole delle scarpe nei **cassonetti per la carta**, otterrò tanta nuova carta e così salveremo molti alberi.
E dove butterò i medicinali scaduti? Negli **appositi raccoglitori** presenti nelle farmacie.
Anche il mio benzinaio mi aiuterà a riciclare **l'olio combusto** (per esempio quello che ho utilizzato per cucinare le mie buone fritture di pesce) che non andrà ad **inquinare** le acque dei fiumi!
Siccome amo cucinare e mangio molte verdure, butterò i **rifiuti di cucina** nel **raccoglitore degli scarti organici**, come fa mio zio, che ci mette gli scarti del suo orto: diventeranno "**compost**", cioè fertilizzante naturale per l'agricoltura.
Sarò ancora più bravo: cercherò di produrre meno rifiuti, per esempio acquisterò volentieri i prodotti con poco **imballaggio** e preferirò le **ricariche** ai contenitori nuovi.

> Con l'aiuto dell'insegnante, cerchiamo di capire il significato delle parole in **grassetto** e poi parliamone un po':

. Esiste il riciclaggio nella tua città? Come funziona?
. E tu, che cosa fai per aiutare l'ambiente?
. Potresti fare di più?
. Hai altre idee per ridurre i rifiuti?
. E per riutilizzarli?

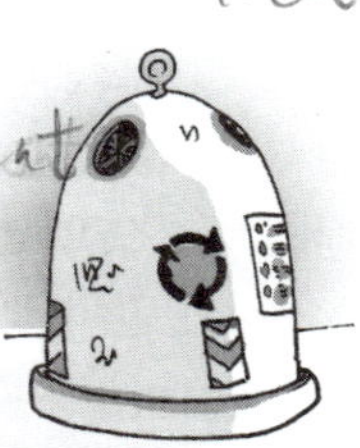

"Campana" per la raccolta del vetro.

Attività 4 >

Riordiniamo le frasi di questo dialogo fra marito e moglie.

Pronto? Ah... Ciao mamma... (5)	....
Suona il telefono! Chi sarà, così tardi? (1)	....
Macché! Piuttosto (rather) vorrà darti la buonanotte per la terza volta! (4)	....
Sarà tua madre! Chiama sempre a ore impossibili! (2)	....
Ma sei ingiusto! Forse avrà un problema! Sarà successo qualcosa di grave! (3)	....

Idea! *Facciamo il punto!*

L'altra nuova forma vista nel brano è il **Condizionale semplice** per le tre coniugazioni e per i verbi Essere e Avere:
La struttura di questo Modo verbale è molto simile a quella del Futuro!

Ecco i verbi regolari!

	PARL**ARE**	CHIED**ERE**	CAP**IRE**
io	parl**erei**	chied**erei**	cap**irei**
tu	parl**eresti**	chied**eresti**	cap**iresti**
lui/lei/Lei	parl**erebbe**	chied**erebbe**	cap**irebbe**
noi	parl**eremmo**	chied**eremmo**	cap**iremmo**
voi	parl**ereste**	chied**ereste**	cap**ireste**
loro	parl**erebbero**	chied**erebbero**	cap**irebbero**

LA RICETTA DEL CONDIZIONALE SEMPLICE

Parl~~are~~ + erei / eresti / erebbe / eremmo / ereste / erebbero.
Chied~~ere~~ + erei / eresti / erebbe / eremmo / ereste / erebbero.
Cap~~ire~~ + irei / iresti / irebbe / iremmo / ireste / irebbero.

Es. ***Piacerebbe*** *anche a me fare questo bel viaggio.*
Ti divertiresti *un sacco in Guatemala!*

Il Condizionale non ha un valore di tempo come il Presente, il Passato prossimo e il Futuro, ma serve per esprimersi con cortesia, per indicare un desiderio, un invito, un'ipotesi, un consiglio.

Vi ricordate che al Futuro i verbi in -ARE e -ERE hanno le stesse desinenze? Anche per il Condizionale è la stessa cosa.

Prima di vedere i singoli casi, parliamo un momento di irregolarità:
Gli stessi verbi irregolari al Futuro, sono irregolari anche al Condizionale.
Infatti, abbiamo gli stessi gruppi:

1. Verbi ausiliari:
avrò → **avrei**
sarò → **sarei**

2. Verbi che perdono la "e" della desinenza:
andrò → **andrei**

3. Verbi che perdono una consonante, la "e" della desinenza e raddoppiano la "r":
rimarrò → **rimarrei**

4. I verbi "dare"; "fare"; "stare" che mantengono la vocale tematica "a":
darò → **darei**

Guardiamo ora le forme del Condizionale semplice di **Essere** e **Avere**.

	ESSERE	**AVERE**
io	sarei	avrei
tu	saresti	avresti
lui/lei/Lei	sarebbe	avrebbe
noi	saremmo	avremmo
voi	sareste	avreste
loro	sarebbero	avrebbero

- Usciresti con me, domani?
- Domani? Beh, veramente domani **avrei** da fare.
- **Sarebbe** possibile dopodomani? **Avresti** voglia, magari, la settimana prossima? O forse tra un mese? **Sarei** molto felice di vederti l'anno prossimo!

Attività 5 >>

Proviamo ad unire le frasi seguenti con la loro funzione:

Cortesia	**«Secondo la polizia, l'omicida sarebbe ancora a piede libero.»**
Desiderio	**«Verresti con me a fare spese, oggi pomeriggio?»**
Invito	**«Chiuderebbe la finestra per favore? Ho un po' freddo.»**
Consiglio	**«Mi piacerebbe tanto rivedervi: quando venite in Italia?»**
Ipotesi	**«Al posto tuo, lavorerei di meno e mi riposerei di più.»**

Adesso inventiamo altre frasi: almeno una per ogni funzione.

____

____

____

____

Attività 6 >>

Che cosa fareste in queste situazioni?

Date dei consigli nelle seguenti situazioni, usando il Condizionale.

Attività 7 >

Coniughiamo i verbi al Condizionale semplice regolare e irregolare.

1. Luisa, che cosa __________ (volere) ricevere per il tuo compleanno? **2.** Certe persone __________ (essere) disposte a tutto pur di diventare famose! **3.** __________ (tu/cambiare) città per ottenere un lavoro migliore? **4.** Paola, __________ (farmi) un favore? __________ (comprarmi) tre etti di salmone per la cena di stasera? **5.** Peccato! Sono timida, altrimenti __________ (chiedere) a Stefano di uscire con me! **6.** Con questo brutto tempo __________ (io/restare) volentieri sotto le coperte. **7.** __________ (noi/bere) volentieri un aperitivo con voi, purtroppo dobbiamo tornare subito a casa. **8.** Linda, __________ (tradurre) questa lettera dal russo per me? **9.** Sei troppo magra, Sonia: __________ (dovere) mangiare di più. **10.** Mi scusi, signore: __________ (potere) spostare la sua macchina dal mio passo carrabile? **11.** Cameriere? __________ (sapere) dirmi l'annata di questo vino? È ottimo! **12.** La mia mamma __________ (giocare) volentieri con me tutto il giorno. **13.** Con quella caviglia così gonfia io al posto tuo __________ (stare) fermo a letto. **14.** Ehi, ragazzi, __________ (darmi) una mano? Ho una gomma a terra! **15.** __________ (piacermi) usare meno la macchina!

Attività 8 >>>

Scegliamo il verbo giusto e mettiamolo al Condizionale.

Carolina: «__________ da Giacomina con me? Mi __________ andare in clinica a trovarla, ma non so se lei gradirà la nostra visita; tu che ne pensi? Sarà imbarazzata?»

Simone: «Perché mai __________ sentirsi imbarazzata? Sono cose che possono succedere a tutti. »

Carolina: «Sì, lo so, ma per lei è stato diverso... Comunque, se andiamo a trovarla, io __________ finta di niente. __________ inopportuno da parte nostra, non credi?

Simone: «Invece io __________ di parlarne per evitare inutili situazioni di imbarazzo; anzi ci __________ sopra senza tanti problemi. E poi in fondo...»

fare / ridere / cercare/ venire / dovere / essere / piacere

> Che cosa potrebbe essere successo a Giacomina, secondo te?

Attività 9 — *Parliamo insieme*

Scopriamo la lampada di Aladino in una soffitta, strofiniamo la lampada ed ecco che esce un Genio che ci dice:
«Puoi realizzare tre desideri. Hai solo tre minuti per pensarci, dopodiché scomparirò nel nulla. Ti chiedo di riflettere bene prima di decidere.»

Es. Mi piacerebbe essere giovane per sempre.
Mi piacerebbe...
Mi piacerebbe...

> Tu, che cosa chiederesti al Genio?
> Secondo te, il Genio, vorrebbe qualcosa in cambio?

Attività 10 >

Inseriamo i verbi al Futuro.

Finalmente domani __________ (arrivare) l'anno nuovo! Dopo un anno negativo spero di andare incontro a un periodo positivo. __________ (essere) sicuramente un bel periodo anche perché finalmente la prossima estate __________ (laurearsi). Poi io e Agnese __________ (fare) il viaggio che abbiamo sempre sognato: __________ (andare) in Tanzania e __________ (rimanere) là per almeno due mesi. Poi quando __________ (ritornare) in Italia __________ (cominciare) a cercare lavoro e... speriamo bene!

> Ora, proviamo a raccontare un sogno che pensiamo di realizzare in un prossimo futuro; usiamo il Futuro se siamo abbastanza sicuri, il Condizionale se siamo ancora molto incerti.

____
____
____
____
____
____
____
____
____
____

E ora giochiamo!

Il gioco dei ricatti.

*Ogni studente riceve dall'insegnante un cartoncino con scritto un Infinito verbale. Dopodiché, a turno, ogni studente farà una domanda al Futuro al compagno alla sua destra (per esempio: "Mi aiuterai con i compiti?" oppure "Mi inviterai alla tua festa?") e questi risponderà con un "ricatto" contenente il verbo del suo cartoncino al Futuro. Per esempio: con il cartoncino del verbo **prestare** "Ti aiuterò solo se mi presterai la tua giacca nuova!" oppure con il cartoncino del verbo **portare** "Ti inviterò alla festa solo se porterai da bere per tutti"*

Buon divertimento!

Italia & Italia

Teatri d'Italia.

Colleghiamo ogni teatro con la sua città.

Teatro la Fenice: i lavori per la sua costruzione sono iniziati nel 1789; presenta una struttura di palchi aperti che ricrea la tipologia della piazza italiana nello spazio teatrale. È stato distrutto da un incendio nel 1996 ma oggi è nuovamente attivo.

Teatro alla Scala: fondato per volontà dell'imperatrice Maria Teresa d'Austria, è stato inaugurato il 3 agosto del 1778 con l'opera di Antonio Salieri, *L'Europa riconosciuta*. Il primo periodo artistico è legato alla tradizione dell'opera buffa napoletana; il rinnovamento del repertorio comincia fra il 1793 e il 1798 quando il teatro si apre al gusto neoclassico in stile francese e alla successiva evoluzione del teatro musicale.

Teatro Comunale: sede del Maggio Musicale Fiorentino, considerato il più prestigioso Festival Europeo insieme a Bayreuth e Salisburgo con il quale è gemellato, il Teatro Comunale è di costruzione abbastanza recente. Inizialmente era all'aperto poi, nel 1882, è stato coperto.

Teatro di San Carlo: è il più antico teatro operante in Europa. Costruito nel 1737, non ha mai sospeso le sue stagioni eccetto nel periodo maggio 1874/dicembre 1876 a causa della grave crisi economica di quegli anni. Incredibile, ma vero, otto mesi dopo l'inizio dei lavori era già ultimato. E' stato inaugurato con l'opera *Achille in Sciro* di Metastasio.

Come si dice...

Le parole del teatro... e non solo.

Alla fine dello **spettacolo** ci sono stati molti **applausi**, diciamo pure che c'è stata un'**ovazione**. Il pubblico era in **delirio**. La **commedia** è stata un vero **trionfo**!

Ma sei mai andata alla **prima** della Scala? La **platea** è piena di persone eleganti: è una **parata** di gioielli e pellicce!

- Sono qui i **camerini**?
- No! Questo è il bagno delle signore!
- Uh! Mi scusi! Che errore **madornale**!

Dietro le **quinte** c'era una **tensione** così forte che si **tagliava col coltello**.

Il **concerto** è durato un'**eternità**: per fortuna avevo preso un **palco** con i miei amici e così siamo potuti andare via prima.

L'attore è entrato in **scena**, non ha detto niente e per un attimo in sala c'è stato un **silenzio di tomba**; dopo pochi secondi ha cominciato a parlare. Avrà avuto un attacco di **panico da palcoscenico**!

Le parole in grassetto fanno parte del tipico vocabolario teatrale. Alcune di loro si usano anche in altri contesti. Quali?

*Fare **scena** muta - Mi sembrava la **scena** di un film - È stato un colpo di **scena**.*

______________________ ______________________

______________________ ______________________

______________________ ______________________

> Ora, a coppie, prendiamo alcune espressioni e creiamo con queste delle nuove frasi.

> Sei mai andato a teatro in Italia o nel tuo Paese?
> Ti piace di più il teatro o il cinema? E perché?
> Discutiamo sulle differenze e somiglianze tra cinema e teatro.

Un'idea in più

L'insegnante potrebbe far vedere agli studenti un film tipo "Viaggi di nozze" o "Maledetto il giorno che t'ho incontrato" di Carlo Verdone, mostrando solo l'inizio, e poi domandare agli studenti:

> *Che cosa succederà ad ogni coppia/personaggio?*
> *Come ti comporteresti al loro posto?*
> *Potresti vivere una storia di questo tipo? Perché sì/no?*

Punto e ... a capo!

Quali dei due verbi è quello giusto?

Cancelliamo quello sbagliato.

1. Andrei/Andrò in vacanza, ma ancora non ho i soldi necessari.
2. Andrei/Andrò in vacanza il prossimo mese e spero di divertirmi.
3. Avrei voglia/Avrò voglia di un gelato, me lo prendi per favore?
4. Avrei/Avrò sempre tempo per te; chiamami quando hai bisogno.
5. Partiremmo/Partiremo volentieri, ma prima vogliamo salutare Lidia.
6. Verresti/Verrai alla festa di Paolo? Sì o no?
7. Io mi taglierei /mi taglierò i capelli al tuo posto.
8. Sarebbe/Sarà bello il tempo in Italia in quel periodo dell'anno?
9. Quanto tempo ci vorrebbe/vorrà da qui a Pordenone in treno?
10. Vieni con noi? Mi piacerebbe/Mi piacerà, ma non posso.

Unità 12

Più o meno...

«Cambio vita!»

Cara Vanessa,
come stai? Scusa se non ti ho scritto prima, ma negli ultimi tempi ho avuto molto da fare!
Prima di tutto, la novità più forte: sono andato a vivere da solo!
Incredibile, vero? Ho affittato un piccolo appartamento in periferia e ora vivo lì per conto mio. Il posto è particolarissimo, fuori mano, ma con il vantaggio di avere poco traffico e la possibilità di correre ogni mattina in un parco dietro casa. L'appartamento si trova al secondo piano: c'è un piccolo salotto con la cucina e una camera molto grande con una terrazza. Il bagno è tanto piccolo quanto scomodo, ma va bene così.
Per i mobili, sono andato al mercatino dell'usato, e così ho speso meno del previsto.
L'altra grande novità è che ho cambiato finalmente lavoro e ora non faccio più il commesso in quel negozio di scarpe per signora, ma lavoro in una nuova birreria del centro, la migliore della zona; anche se lavoro molto ho sempre due sere libere e la mattina posso dormire di più, correre e dedicarmi alla mia passione, ti ricordi?
Farò una piccola mostra dei miei quadri la prossima primavera e sono veramente contento di questo.
Come vedi la mia vita è molto cambiata! Ti aspetto per festeggiare con me.... A presto.

Nicola

Che lavoro fa ora Nicola? ______________________________
Qual è il suo hobby? ______________________________

> Secondo te Nicola è stato più impulsivo o coraggioso?
> E tu, sei più o meno coraggioso di Nicola? Sei più o meno entusiasta di lui? Sei ottimista o pessimista?

> Scegliamo cinque aggettivi a testa per descrivere noi stessi, sia caratterialmente che fisicamente.
> Confrontiamo con la classe gli aggettivi scelti e proviamo a paragonarci ai compagni di classe.

Es. Io sono testarda come Josephine.
Hans è più alto di Steven.
Karin è meno curiosa di me.

Idea! Facciamo il punto!

La comparazione fra cose, persone o azioni può essere di tre tipi:

maggioranza	minoranza	uguaglianza
+	-	=
più di... / più che...	meno di... / meno che...	tanto... quanto / così... come

*La camera è **più** spaziosa **della** cucina ma è **meno** luminosa **del** salotto.*

Usiamo: **più/meno di...** quando compariamo fra loro due persone o cose (cioè due nomi o pronomi).

*Il bagno è **più** carino **che** comodo.*
*Lavorare in birreria è **più** divertente **che** fare il commesso.*

Usiamo: **più/meno che...** quando compariamo fra loro due qualità (cioè due aggettivi) oppure due azioni (cioè due verbi), anche sottintesi.

*Il bagno è (tanto) piccolo **quanto** scomodo.*
*Avere un hobby è (così) importante **come** avere un lavoro.*

Usiamo: **(tanto) ... quanto** oppure **(così) ... come** quando le cose (o le persone oppure le azioni) che compariamo hanno qualità uguali.

Attività 1 >

Inseriamo il comparativo di maggioranza, scegliendo fra: "più... di..." e "più... che...".

1. Fare l'attore è ____ divertente ____ fare l'impiegato. **2.** La casa di Andrea è ____ grande ____ casa di Lucia. **3.** È ____ interessante la scienza ____ politica. **4.** Non devi essere geloso: amo ____ te ____ lui! **5.** Mi piace ____ leggere ____ andare al cinema. **6.** Noi guadagniamo ____ soldi ____ voi.

Attività 2 >

Inseriamo il comparativo di minoranza, scegliendo fra: "meno... di..." e "meno... che...".

1. Il nostro appartamento è ____ grande ____ vostro. **2.** Mi piace ____ il mare ____ montagna. **3.** Torinc e Milano hanno ____ opere d'arte ____ Firenze. **4.** In Italia piove ____ in estate ____ in inverno. **5.** Questo vino è ____ profumato ____ quello. **6.** Sciare fa consumare ____ calorie ____ camminare.

Attività 3 >>

Costruiamo le frasi, inserendo il comparativo di uguaglianza.

Voi/parlare/bene/il francese/il tedesco.
....

Bologna/essere/grande/Firenze.
....

Studiare/non essere/bello/lavorare.
....

Michele/essere/carino/Franco.
....

Lavorare/essere/stancante/andare in discoteca.
....

Stonehenge/essere/misteriosa/Isola di Pasqua.
....

I luoghi più visitati d'Italia

Lo sapevate che il monumento più visitato in Italia è il Colosseo, a Roma? Infatti riceve ogni anno 3 milioni di persone, mentre i musei più visitati d'Italia sono la Galleria degli Uffizi a Firenze e il Palazzo Ducale a Venezia. Sono molto frequentate anche le rovine di Pompei che accolgono più di 2 milioni e mezzo di turisti all'anno.
Strano, ma vero: ci sono in Italia dei musei che... non sono in Italia e ricevono ogni anno circa 3 milioni di persone!
Sono i Musei Vaticani, a Roma.

> Quali sono i luoghi più visitati d'Italia?
> Quali monumenti italiani sono famosi nel mondo?
> Scriviamo alla lavagna i monumenti più celebri d'Italia.
> Tra quelli scritti, quale preferisci e perché?

Per me il monumento o il museo più interessante è _________
Per me l'architettura più interessante la trovo nella città di _________

Idea! Facciamo il punto!

Nella lettura abbiamo visto le forme "il monumento più visitato"; "sono molto frequentate"; "musei... famosissimi".
Queste forme si chiamano **gradi superlativi** dell'aggettivo ed esprimono una qualità di livello molto alto. Possono essere di due tipi:

1. **Superlativo assoluto**.
Si chiama così perché esprime una qualità assoluta. Si può trasformare un aggettivo in superlativo assoluto mettendo prima la parola "molto", oppure aggiungendo all'aggettivo il suffisso "-issimo/a/i/e".
Es. Sono ***molto soddisfatto*** *della mia scelta.*
Ho affittato un appartamento ***particolarissimo.***

2. **Superlativo relativo**.
Si chiama così perché esprime la qualità più alta all'interno di un gruppo.
Es. Quel musicista è ***il*** *tipo* ***più*** *curioso* ***del*** *gruppo.*
Tua figlia è ***la più*** *bella* ***fra*** *tutte le bambine della classe.*
Noi siamo ***i più*** *simpatici* ***di*** *questa scuola!*
Questo è ***il*** *cartone animato* ***più*** *divertente* ***che*** *ho (abbia) visto.*

Attività 4 >

Scriviamo le due forme del superlativo assoluto.

Es: Questo libro è interessante.	*molto interessante*	*interessantissimo*
1. Questa ricetta è **facile**.	___________	___________
2. Quei graffiti sono **antichi**.	___________	___________
3. La candela è **profumata**.	___________	___________
4. La dieta mediterranea è **sana**.	___________	___________
5. Quell'attrice è **brava**.	___________	___________
6. Quelle strade sono **sporche**.	___________	___________

Attività 5 >>

Formiamo il superlativo relativo, inserendo le parole mancanti.

1. La Ferrari è la macchina ______________________ della Formula Uno. **2.** Gli stradivari sono i violini ______________________ del mondo. **3.** L'Elba è l'isola ______________________ della Toscana. **4.** Il professor Dantino è l'insegnante ______________________ della scuola. **5.** Luglio e Agosto sono i mesi ______________________ dell'anno. **6.** La gioventù è il periodo ______________________ della vita? **7.** Gli Uffizi sono il museo ______________________ d'Italia. **8.** Scrivere libri è il lavoro ______________________ di tutti.

Idea! Facciamo il punto!

Alcuni aggettivi hanno due forme di comparativo e di superlativo: una è simile a quelle già viste e una, particolare, deriva dal latino:

	Comparativi		Superlativi	
grande	più grande	**maggiore**	grandissimo	**massimo**
piccolo	più piccolo	**minore**	piccolissimo	**minimo**
buono	più buono	**migliore**	buonissimo	**ottimo**
cattivo	più cattivo	**peggiore**	cattivissimo	**pessimo**
alto	più alto	**superiore**	altissimo	**supremo**
basso	più basso	**inferiore**	bassissimo	**infimo**

Attività 6 >>>

Completiamo inserendo le parole che seguono:

"**peggiore**"; "**superiore**"; "**maggiore**"; "**migliore**"; "**minore**".

1. Quei due ragazzi sono tremendi: uno è ____________ dell'altro. **2.** Il vino che abbiamo bevuto prima è pessimo; questo è sicuramente ____________. **3.** Dei grandi problemi del mondo quello ____________ è sicuramente la fame. **4.** Valerio è il più piccolo dei suoi fratelli: è il ____________. **5.** Noi abitiamo al secondo piano e i miei genitori a quello ____________.

Attività 7 >>>

Completiamo inserendo le parole che seguono:

"**infimo**"; "**supremo**"; "**ottimi**"; "**minimo**"; "**pessima**".

1. La moneta di quel Paese negli ultimi mesi ha toccato il ____________ storico. **2.** Il Presidente della Repubblica è il capo ____________ dello Stato. **3.** Puah, che schifo! Non ho mai mangiato così male in vita mia. Questa minestra è ____________! **4.** Aldo è caduto veramente in basso: il suo comportamento di ieri è stato ____________. **5.** Che delizia questi pasticcini di zia Clotilde! Sono davvero ____________!

Parole parole...

Uniamo gli aggettivi del primo gruppo con le parole del secondo, in modo da formare delle similitudini tipiche della lingua italiana.

testardo · furbo · lento · cieco · sordo · leggero · bello · curioso · muto · libero · magro · pesante · veloce · solo · duro · piccolo

come

una campana · una talpa · un chiodo · un sasso · una volpe · il piombo · un pesce · una lumaca · una scimmia · un moscerino · una piuma · il sole · un cane · l'aria · un mulo · un fulmine

grande come **una montagna**

cieco	come	una talpa	curioso	come	una scimmia
sordo	come	una campana	muto	come	un pesce
leggero	come	una piuma	veloce	come	un fulmine
bello	come	il sole	solo	come	un cane
furbo	come	una volpe	piccolo	come	un moscerino
testardo	come	un mulo	libero	come	l'aria
lento	come	una lumaca	pesante	come	il piombo
magro	come	un chiodo	duro	come	un sasso

> Proviamo a tradurre con l'aiuto del dizionario le similitudini usate nelle varie lingue parlate dagli studenti in classe.

«Ti piace questo albergo?»

Portiere: «Buongiorno.»
Jürgen: «Buongiorno. Avete una camera doppia?»
Portiere: «Solo per stanotte?»
Jürgen: «No, per tre notti.»
Portiere: «Vediamo... Sì, la vuole con il bagno o senza?»
Jürgen: «Non so... Quanto costa con il bagno?»
Portiere: «Con il bagno, 100 euro a notte.»
Jürgen: «Ma è carissima! E senza?»
Portiere: «80 euro.»
Jürgen: «È sempre un prezzo esagerato, sa?»
Portiere: «Altrimenti all'ultimo piano c'è una doppia molto piccola, senza bagno e senza finestre. Viene 65 euro a notte. Che ne dice?»
Jürgen: «Cara, veramente cara... non so...»
Portiere: «Guardi, Le scrivo l'indirizzo e il telefono, così lo trova subito.»
Jürgen: «Che cosa, scusi?»
Portiere: «L'ostello. Quello ha sicuramente il prezzo giusto per Lei!»

Ora, a coppie costruiamo un dialogo alla reception di un albergo, usando alcune delle seguenti parole o espressioni.

camera singola; ascensore; con o senza bagno; al sesto piano; con balcone; prima colazione inclusa/esclusa; parcheggio custodito/incustodito; bagno con idromassaggio; TV satellitare; cassaforte in camera; aria condizionata.

-« ______________________________ »
-« ______________________________ »
-« ______________________________ »
-« ______________________________ »
-« ______________________________ »
-« ______________________________ »
-« ______________________________ »
-« ______________________________ »
-« ______________________________ »
-« ______________________________ »

Di tutto un po'

I vari tipi di pernottamento:

. Albergo, ostello, pensione, agriturismo, campeggio, a casa di amici....
. Comodo, scomodo, economico, caro, divertente, noioso, tranquillo, selvaggio, intimo, informale, formale...

>Elenchiamo i pro e i contro utilizzando i comparativi di maggioranza, minoranza, uguaglianza e i superlativi.

Es: Dormire in albergo è più caro che stare a casa di amici.
Dormire in albergo è comodissimo.

Italia & Italia

Vivere in città.

Ogni anno in Italia viene stilata una classifica nazionale che riguarda vari aspetti della vita e della cultura del nostro Paese.
Secondo questa classifica la città di **Massa Carrara** è al primo posto per la qualità ambientale (depurazione delle acque, verde pubblico e utilizzo dei trasporti pubblici), mentre **Aosta** e **Bolzano** sono ai primi posti per i servizi. Per quanto riguarda il tempo libero, troviamo da qualche anno ai vertici della classifica le città di **Bologna**, **Rimini** e **Firenze**, seguite a ruota da **Livorno** e **Lucca**. La classifica è determinata in base all'offerta delle attività culturali e ricreative.
Ad esempio **Rimini** e **Bologna** presentano il maggior numero di sale cinematografiche per 100.000 abitanti. **Verona** si conferma la provincia con la più alta spesa pro capite per spettacoli teatrali, mentre **Firenze** registra il più alto numero di associazioni culturali ogni 100.000 abitanti. Al di là dei luoghi comuni, le città meno pericolose sono risultate **Isernia** e **Campobasso**, e la regione **Molise** viene addirittura definita "un'isola felice"a conferma che anche al sud ci sono segni incoraggianti di una nuova sensibilità verso la convivenza civile.

>Conoscete alcune di queste città?
>Che cosa pensi della città in cui vivi? La vorresti diversa? Che cosa cambieresti? Che cosa le manca? E qual è invece l'aspetto che ti soddisfa di più?

E ora giochiamo!

Utilizziamo i nomi dei mestieri che conosciamo già e gli aggettivi che possono definire un lavoro (utile, precario, fisso, piacevole, faticoso, stressante, ecc.).
Riproduciamo un modello di tabella:

pericoloso	X			X	
divertente			X		
utile		X		X	
ben pagato			X		
...					
	poliziotto	**infermiere**	**modello**	**tassista**	**...**

Ogni studente ha la sua tabella, dove segna con una crocetta gli aggettivi attinenti a ogni mestiere scelto; divisi in gruppi, ci intervistiamo a vicenda e definiamo ogni mestiere secondo le nostre opinioni.
Alla fine ogni studente riassume la situazione utilizzando i comparativi e i superlativi.

Es. Il mestiere più utile è quello dell'infermiere.
Fare il modello è un mestiere divertentissimo.

Buon divertimento!

Come si dice...

Scegliamo gli aggettivi che ci descrivono caratterialmente tra quelli elencati qui sotto.

affidabile; rassicurante; tenero; abitudinario; colto; estroso; pigro; fedele; maturo; saccente; prepotente; presuntuoso; allegro; bugiardo; affascinante; infantile; elegante; curioso; spiritoso.

- Ora, descriviamo la persona della nostra famiglia che ci assomiglia di più. In cosa siamo uguali?
- Abbiamo mai incontrato qualcuno che, appena conosciuto, ci ha fatto sentire a nostro agio?
- Cosa cerchiamo nell'amicizia? Qualcuno diverso o qualcuno uguale a noi?

Punto e ... a capo!

Proviamo a scrivere delle comparazioni con le parole date.

Es. Roma - Perugia ⇨ *Roma è più grande di Perugia.*

Spagna — Brasile

____

Giornale — Televisione

____

Succo d'arancia — Grappa

____

Lingua italiana — Lingua giapponese

____

Tulipani — Girasoli

____

Fisica

Storia dell'Arte

____

Sicilia

Piemonte

____

Australia

Malta

____

Dante Alighieri

Alessandro Manzoni

____

Inseriamo "di" o "che"

1. Franco è più magro ____ Samuele. **2.** Mangiare bene è più facile ____ stare a dieta. **3.** Nessuno è più bello ____ te, amore! **4.** La mia auto consuma meno _____ tua. **5.** Questo è il posto più bello ____ mondo. **6.** La cioccolata ha più calorie ____ gelato alla frutta. **7.** Oggi sono più deluso ___ arrabbiato. **8.** Viviana è più sensibile ____ te. **9.** È più faticoso farsi perdonare ___ tradire. **10.** Mi piace di più fare le vacanze in Italia ____ all'estero.

Unità 13

Ai miei tempi...

«Com'è cambiato!»

Fausto: «Hai visto Mario?»

Ennio: «Sì, l'ho incontrato proprio ieri. Sai, sono dovuto andare alla posta a pagare una bolletta, ma per fare prima ho voluto prendere la bicicletta. Sono passato davanti al bar dove andiamo di solito e l'ho visto. È veramente cambiato!»

Fausto: «Sì, è diverso. Ha cambiato espressione degli occhi e non sorride più.»

Ennio: «Ti ricordi quante cose abbiamo fatto insieme noi tre?»

Fausto: «Eh, sì ne abbiamo passate di tutti i colori.»

Ennio: «Ti rammenti quella volta quando siamo saliti sul treno per scappare da Roma e ci siamo nascosti in bagno per tutto il viaggio?»

Fausto: «Già, che tempi!»

Ennio: «Volevamo cambiare il mondo ma il mondo non è cambiato, anzi ha cambiato noi... la guerra, le sofferenze,... a cosa sono serviti i nostri sacrifici?»

Fausto: «Senti, non ho nessuna voglia di essere malinconico. Non mi sento così vecchio. A 80 anni ci sono ancora tante cose da fare. Andiamo a giocare a bocce?»

> Che cosa pensi dei due personaggi del dialogo?

> A 80 anni si può essere anziani senza sentirsi vecchi: cosa vuol dire questa frase?

> Quali sono i vantaggi dell'essere giovani? E quelli dell'essere anziani?

> Finiamo questa frase:
"Si comincia a invecchiare quando ______________________________"

Idea! *Facciamo il punto!*

Nel dialogo c'è un verbo che è stato usato una volta con l'ausiliare **essere** e una volta con **avere**: è il verbo **cambiare** che ha una doppia forma al Passato prossimo. Perché?
Perché quando si usa transitivamente (cioè risponde alla domanda "Chi? Che cosa?") il Passato prossimo si forma con il verbo **avere.** Quando invece si usa intransitivamente (cioè non risponde alla domanda "Chi? Che cosa?") il Passato prossimo si forma con il verbo **essere.**

Es. ***Ho*** *cambiato la mia macchina.*
Sono *cambiato/a molto negli ultimi tempi.*

> Ci sono molti verbi che utilizzano entrambi gli ausiliari. Eccone alcuni:
> scendere - salire - passare - continuare - bruciare - saltare – correre - cambiare aumentare - diminuire - cominciare - finire - suonare - vivere - volare.

Anche i verbi **potere**, **dovere**, **volere** e **sapere** usano tutti e due gli ausiliari, che dipendono dal verbo principale:

Ho dovuto *studiare molto per l'esame.* ***Sono dovuto/a*** *partire molto presto.*

Attività 1 >>>

Inseriamo l'ausiliare Essere o Avere.

1. Il film ______ finito dopo mezzanotte, così ______ dovuto prendere il taxi per tornare a casa. **2.** Ieri (io) ______ cominciato il corso di spagnolo e siccome ______ stata brava, l'insegnante oggi mi ______ cambiato classe. Ora sono al livello due. **3.** Non (noi) ______ potuti andare a teatro, perché ______ dovuti andare all'ospedale: Silvia si ______ bruciata una mano in cucina. **4.** Finalmente l'altro ieri quando (io) ______ salita sulla bilancia ho avuto una bella sorpresa: ______ diminuita di ben 4 Kg! Peccato che, a causa della festa di Guendalina ______ aumentata di nuovo di peso: ha fatto una torta fantastica e non ______ saputo resistere. **5.** Non ______ potuto partecipare alla gara e ora mi dispiace molto. **6.** Il tempo ______ passato, ma tua sorella è sempre una donna attraente; ______ rimasta giovane grazie alla sua vitalità e al suo amore per lo sport.

Attività 2 >>

Immaginiamo di essere un personaggio importante e famoso e rispondiamo alle domande di un giornalista.

«Buongiorno. Vorrei farLe questa intervista in modo simpatico e inusuale. Possiamo darci del tu?»

Quanto ti piace la tua professione?

____

____

Quando hai cominciato?

____

____

Cosa hai dovuto fare per arrivare al successo?

____

____

Ci sono svantaggi a essere così famosi?

____

____

Cos'è cambiato nella tua vita?

____

____

Quanto ha pesato il giudizio dei tuoi genitori sulle tue scelte?

____

____

Come ti diverti?

____

____

Quali sono i tuoi progetti per il futuro?

____

____

Attività 3 *Parliamo insieme*

Test: l'Italia ti ha cambiato/a o sei rimasto/a quello/a di sempre?

1 Da quando sei in Italia ti alzi più tardi la mattina?

□a. quasi sempre - □b. mai - □c. qualche volta - □d. molto spesso

2 A che ora vai a letto di solito?

□a. prima delle 24:00 - □b. dopo le 24:00 - □c. dopo le 3:00 - □d. la mattina

3 Baci e abbracci gli amici quando li incontri?

□a. sempre - □b. spesso - □c. raramente - □d. mai

4 Quale sport preferisci seguire in Italia?

□a. il calcio - □b. la pallavolo - □c. il ciclismo - □d. lo sci

5 Se vedi un bel ragazzo o una bella ragazza, ti volti a guardarlo/a?

□a. sì, certamente - □b. a volte - □c. quasi mai - □d. mai

6 Qual è la dote più importante che deve avere una persona?

□a. la sincerità - □b. la spontaneità - □c. la puntualità - □d. la riservatezza

7 Qual è il difetto più insopportabile in una persona?

□a. l'arroganza - □b. la vanità - □c. l'egoismo - □d. l'intolleranza

8 Dove vai quando esci con i tuoi amici?

□a. a bere - □b. a ballare - □c. in pizzeria - □d. al cinema

Punteggio →

Punteggio	☐a.	☐b.	☐c.	☐d.
1.	3	0	1	2
2.	0	1	2	3
3.	3	2	1	0
4.	3	0	2	1
5.	3	2	1	0
6.	1	3	0	1
7.	3	2	1	0
8.	0	2	3	1

Da 0 a 10 punti

Ma sei proprio uno straniero! L'Italia non ti ha cambiato per niente. Cerca di rilassarti e di godere delle libertà che ti offre il nostro *Belpaese!*
Hai bisogno di lasciarti andare e di respirare l'aria italiana.
Ti trovi in Italia e sei ancora in tempo a cambiare. Pensaci!

Da 11 a 18 punti

L'Italia ti piace e cerchi di vivere l'atmosfera del Paese, anche se non riesci a lasciarti andare completamente. Hai paura di tornare a casa con troppi cambiamenti, ma non ti preoccupare perché, passati i confini, l'Italia rimarrà solo nei tuoi ricordi e tornerai a casa come prima. O forse meglio di prima. Quindi, *carpe diem!*

Da 19 a 24 punti

Sei sicuramente più trasgressivo/a e più intraprendente di prima, hai allentato le tue tensioni e probabilmente tornerai nel tuo Paese arricchito/a di nuove esperienze.
Sarai più spontaneo/a e aperto/a, più romantico/a e forse anche un po'... bugiardo/a, ma certamente più italiano/a.

«Ti ricordi?»

Salerno, 6 gennaio.

"Caro diario,
ieri pomeriggio, mentre lavoravo nello studio, è arrivato un telegramma nientemeno che da Harare, la capitale dello Zimbabwe.
Mi scrive mia cugina Elena, l'avventurosa della famiglia! Dice che arriverà dopodomani all'aeroporto di Fiumicino, a Roma e che...
Ma ecco il telegramma: voglio tenerlo come ricordo.
Dopo tanti anni, chissà se la riconoscerò..."

```
Sabato 8 gennaio 18:32 arrivo Fiumicino
STOP. Spero verrai prendermi STOP.
Vorrei stare da te un po' STOP.
Baci Elena.
```

Fiumicino, 8 gennaio.

Matteo: «Elena, sei tu!»
Elena: «Matteo! Ti ho riconosciuto subito... non sei cambiato di una virgola!»
Matteo: «Nemmeno tu sei cambiata, anzi sì: prima non eri così bella!»
Elena: «Ti ho sempre considerato un uomo di ottimi gusti...!»

Più tardi, nell'auto di Matteo...

Matteo: «Ti ricordi, da bambini parlavamo sempre del futuro, di quello che volevamo fare da grandi... Io volevo fare l'aviatore, mentre tu desideravi andare in Africa più di ogni altra cosa al mondo... Tu sei riuscita a realizzare il tuo sogno, io invece... Del resto sono sempre stato un pantofolaio...»
Elena: «Non essere sciocco: quasi tutti i bambini della mia classe dicevano di voler fare l'aviatore; il lavoro che fai adesso è altrettanto entusiasmante e impegnativo!»
Matteo: «Mi prendi in giro?! Io faccio l'insegnante elementare!»
Elena: «Lo so, lo so: è stata una scelta davvero fantastica! Sono orgogliosa di te. Non mi hai mai deluso fin da quando andavamo a scuola insieme...Ti ricordi quante volte facevamo arrabbiare la nostra povera maestra?»
Matteo: «Sì, mi ricordo: lei non faceva che urlare e punirci. Non era una brava insegnante come me!
Elena: «Ecco: adesso sì che ti riconosco!»

Cerchiamo nel dialogo tutti i verbi al passato e scriviamoli qui.

Idea! Facciamo il punto!

Avete notato che c'è un Tempo passato nuovo? "Prima non **eri** così bella" [...] "Io **volevo** fare l'aviatore". Si tratta dell'**Imperfetto**, un Tempo passato che serve per descrivere, per raccontare cose abituali o ripetute, per spiegare perché si è fatta o non si è fatta una cosa. La sua caratteristica è una desinenza con la "v".

	LAVOR**ARE**	PREND**ERE**	SENT**IRE**
io	lavor**avo**	prend**evo**	sent**ivo**
tu	lavor**avi**	prend**evi**	sent**ivi**
lui/lei/Lei	lavor**ava**	prend**eva**	sent**iva**
noi	lavor**avamo**	prend**evamo**	sent**ivamo**
voi	lavor**avate**	prend**evate**	sent**ivate**
loro	lavor**avano**	prend**evano**	sent**ivano**

	Essere	**Avere**
io	ero	avevo
tu	eri	avevi
lui/lei/Lei	era	aveva
noi	eravamo	avevamo
voi	eravate	avevate
loro	erano	avevano

BERE
bevevo; bevevi; beveva
bevevamo; bevevate; bevevano

TRADURRE
traducevo; traducevi; traduceva
traducevamo; traducevate; traducevano

PROPORRE
proponevo; proponevi; proponeva
proponevamo; proponevate; proponevano

FARE
facevo; facevi; faceva
facevamo; facevate; facevano

DIRE
dicevo; dicevi; diceva
dicevamo; dicevate; dicevano

❒ **Nota**: tutti i verbi che finiscono in -URRE e -ORRE si comportano come TRADURRE e PROPORRE (produrre, comporre...).

Quando si usa l'Imperfetto?

A **per descrivere persone, cose, fatti.**
Es. Mia nonna era alta, mora e aveva un carattere forte.
La casa dove abitavamo era piccola con un giardino.
Al mare il tempo era sereno, faceva caldo.

B **per raccontare due azioni contemporanee nel passato.**
Es. Mentre lavoravo in giardino ascoltavo la musica.
Mentre Paolo guardava la tv, i ragazzi studiavano.

C **per esprimere un'abitudine o un'azione ripetuta.**
Es. Da giovane bevevo sei caffè al giorno.
Da bambina andavo tutti i giorni in piscina.

Attività 4 >>

Scegliamo tra i verbi proposti e coniughiamoli all'Imperfetto.

__________ giovane e non __________ esperienza quando sono partito per la Finlandia. Andare in Finlandia a lavorare sui pescherecci, pescare le aringhe per 3 mesi mi __________ un'esperienza unica. Poi, quando sono arrivato, ho capito che le cose non __________ così semplici come __________. Ogni giorno __________ dalle 10 alle 14 ore; le reti __________ molto pesanti, il freddo mi __________ nelle ossa e il vento mi __________ la faccia. __________ di non farcela; poi un giorno, mentre __________ accanto ad un marinaio svedese, lui mi ha detto: "Sono vent'anni che faccio questa vita... ogni giorno... è bello lavorare con il mare, è faticoso ma bello." Da quel giorno tutto è cambiato. Ho cominciato finalmente a lavorare con il mare, insieme agli altri marinai e sono voluto restare lì per nove mesi.
Adesso mi manca il mare e spero di poter tornare, un giorno.

essere / essere / essere / lavorare /avere / sembrare
pensare / tagliare / sedere / entrare / credere.

> Hai mai fatto un'esperienza lavorativa per un breve periodo in un Paese straniero? La faresti? Dove? Quale lavoro saresti disposto/a a fare?

Attività 5 >>

Inseriamo i verbi all'Imperfetto e analizziamo se si tratta di: descrizione, contemporaneità o abitudine.

1. Quando __________ (io/avere) diciotto anni __________ (andare) tutti i fine-settimana in discoteca. **2.** Mentre Mariolina e Gianna __________ (guardare) la TV, __________ (mangiare) pop-corn. **3.** Da giovane mia zia Ida __________ (essere) bellissima. **4.** Quando siamo arrivati in montagna il tempo __________ (essere) bello, ma __________ (fare) molto freddo. **5.** Vedi quell'uomo in giacca e cravatta? Da giovane __________ (essere) un ribelle: __________ (portare) pantaloni di pelle, __________ (avere) i capelli lunghi e __________ (guidare) la moto in modo spericolato. **6.** Anche da bambina Maura __________ (aiutare) tutti. **7.** San Francesco __________ (amare) gli animali e __________ (parlare) con loro. **8.** Prima __________ (piacermi) la solitudine, ora invece preferisco la compagnia. **9.** Ieri, mentre __________ (noi/percorrere) l'Autostrada del Sole __________ (ammirare) il panorama. **10.** Ogni volta che __________ (lui/incontrare) Anna, __________ (diventare) rosso. **11.** L'incidente non __________ (essere) grave, ma __________ (esserci) tre macchine distrutte. **12.** Mentre Piero __________ (leggere) nel parco, gli uccellini __________ (cantare).

Di tutto un po'

Che cos'era prima?

A coppie, troviamo i nomi degli oggetti disegnati e poi uniamoli a ciò che erano prima. *Es. Vino / Uva* → *Prima di diventare vino, era uva.*

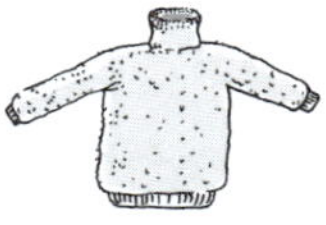

grano - seme - girino - nuvola
uovo - vitello - lana

> E adesso, a coppie, cerchiamo altri esempi.

Idea! Facciamo il punto!

Se vogliamo diventare davvero bravi a raccontare in italiano, dobbiamo imparare ad alternare nel modo corretto i due Passati che conosciamo: l'Imperfetto e il Passato prossimo.

> **Quando usiamo l'Imperfetto?** Quando abbiamo un'azione già iniziata e non ancora finita.

> **Quando usiamo il Passato prossimo?** Quando abbiamo un'azione già finita.

Per raccontare al passato (e non solo) usiamo delle parole che introducono la relazione di causa/effetto: la causa vuole sempre l'Imperfetto, mentre l'effetto richiede il Passato prossimo.

siccome / poiché **quindi / perciò** **perché**

*Ieri non ti ho telefonato **perché** il mio cellulare era scarico.*
***Siccome** (**poiché**) il mio cellulare era scarico, ieri non ti ho telefonato.*
*Ieri il mio cellulare era scarico, **quindi** (**perciò**) non ti ho telefonato.*

mentre **quando**

*L'altra sera, **mentre** passeggiavo nel parco, pensavo a te.*

***Mentre** pranzavo, è venuto mio fratello a farmi visita.*
***Quando** mi sono svegliato era già tardi per andare a scuola.*

Attività 6 >

Uniamo le due parti. *Mentre Ugo passava* → *gli è caduto un vaso in testa.*

Mentre cucivo il vestito	aspettava una telefonata.
Quando l'ho incontrata	si è spezzato l'ago.
Ho fatto questo perché	io suonavo la chitarra.
Mentre Juan studiava	non sono riuscito a parlarle.
Quando l'ho vista così	pioveva a dirotto.
La radio non funzionava:	ho capito che stava male.
Ieri, quando sono uscito	dovevo proprio sostituirla.
Lara ha detto che	credevo molto in noi due.

Attività 7 >>

Inseriamo i verbi scegliendo fra Imperfetto e Passato prossimo.

1. Quando ho incontrato Fabio alla stazione lui mi ____________ (ha salutato / salutava). **2.** Che vestito ____________ (sceglievate / avete scelto) per la festa di domani? **3.** Da ragazzo ____________ (sono andato / andavo) ogni estate in vacanza dai nonni. **4.** Ma quante birre ____________ (hai bevuto / bevevi) ieri sera? **5.** Se ____________ (avevi / hai avuto) male al ginocchio perché non (prendevi / hai preso) un antidolorifico? **6.** Durante lo spettacolo, il pubblico ____________ (seguiva / ha seguito) con interesse la trama e si ____________ (è immedesimato / immedesimava) con i personaggi. **7.** Molti ragazzi ____________ (hanno rifiutato / rifiutavano) il servizio militare perché ____________ (hanno creduto / credevano) nella pace. **8.** Quando i fiumi ____________ (erano / sono stati) puliti la gente (poteva / ha potuto) farci il bagno. **9.** ____________ (avete comprato / compravate) voi il pane? **10.** Ma chi ____________ (diceva / ha detto) che per essere felici serve tanto denaro?!

☐ **Nota**: qualche volta possono essere corretti entrambi i passati; cambia però il punto di vista, come nelle frasi 1 e 6 di questo esercizio.

Attività 8 >>>

Inseriamo i verbi scegliendo fra Imperfetto e Passato prossimo.

1. Quando ____________ (noi/fare) l'Università ____________ (conoscere) tante persone interessanti. **2.** Ieri sera, mentre ____________ (noi/sbucciare) le cipolle, ____________ (piangere) e ____________ (pensare) a voi! **3.** Siccome ____________ (io/avere) il frigo pieno di cibo, oggi non ____________ (fare) la spesa. **4.** Mentre ____________ (noi/visitare) il museo, improvvisamente ____________ (suonare) l'allarme antincendio. **5.** Poiché ____________ (io/fare) bene il mio lavoro, il direttore ____________ (aumentarmi) lo stipendio. **6.** Alice, questa è l'ultima volta che ti scrivo poiché tu non ____________ (rispondermi) mai! **7.** Ieri ____________ (fare) bel tempo, dunque non ____________ (io/prendere) l'ombrello. **8.** ____________ (noi/avere) bisogno di più spazio, quindi ____________ (comprare) una casa più grande.

Attività 9 >>

Concludiamo la frase usando il Tempo verbale indicato.

1. Ieri notte mentre tornavo a casa ______________________________ P.P.
2. Ricordo che quando faceva caldo ______________________________ I.
3. Non volevo andare via perché ______________________________ I.
4. Quella volta tu sei andata via, io ______________________________ P.P.
5. Era una persona solare e ______________________________ I.
6. Mio padre lavorava molto perché ______________________________ I.
7. Non ho mangiato niente perché ______________________________ I.
8. Mentre Samuele guardava la TV ______________________________ P.P.

E ora giochiamo!

L'insegnante chiede alla classe di mettersi in cerchio e inizia un racconto. Dopo due o tre frasi chiede a uno studente di andare avanti, e così di seguito. Si potrebbe iniziare così: "Era una notte buia e tempestosa: l'uomo, disperato e solo, era in piedi sotto la pioggia..."

Buon divertimento!

Come si dice...

mentre **durante** **intanto**

"nello stesso tempo"

Non dobbiamo confondere queste tre parole: il loro significato è praticamente lo stesso, cioè "nello stesso tempo". Dobbiamo però usarle in maniera diversa.

Es. L'anno scorso, ***mentre*** *mi trovavo all'estero telefonavo spesso a casa.*
durante *il mio soggiorno all'estero ti chiamavo spesso.*
ero all'estero e ***intanto*** *mi tenevo in contatto con te.*

mentre ⇒ è seguito da un **verbo**.
durante ⇒ è seguito da un **nome**.
intanto ⇒ è usato **da solo** (come "nel frattempo").

Guelfi e Ghibellini.

C'è stato un tempo in cui, in Italia, in tutte le città c'erano due grandi partiti **avversi**: quello sotto l'influenza del Papa (Guelfi) e quello sotto l'autorità imperiale (Ghibellini). Questo provocava fra le città delle **rivalità** molto forti, che sfociavano spesso in **guerre** molto aspre e dure. In Toscana, per esempio, Firenze si è fatta nel tempo molti **nemici**, soprattutto fra le altre città toscane, a causa della sua importanza e della sua politica di conquista: è proverbiale e attestata da antichi detti popolari una certa avversità con i pisani, ma anche con gli aretini e i livornesi. Comunque, grandi nemiche sono state per secoli Firenze e Siena e **famoso** è l'episodio seguito alla battaglia di Montaperti, dove Siena, schierata con l'Impero, sconfigge la guelfa Firenze, anche con l'aiuto dei fiorentini ghibellini, guidati dal "traditore" Farinata degli Uberti.

Siamo nel settembre 1260; dopo la disfatta i Senesi, riuniti a consiglio, propongono di radere al suolo Firenze per distruggere la sua potenza una volta per tutte. Una sentenza drastica: è l'unico modo per Siena di eliminare il pericolo guelfo; ma è troppo, Farinata non riesce ad accettarlo: anche se ha tradito la sua città per la vittoria ghibellina, è un fiorentino: non può assistere alla distruzione di Firenze. Perciò minaccia guerra a coloro che oseranno cancellare la sua città! È così deciso che i ghibellini rinunciano alla terribile rappresaglia e Firenze resta in piedi, anche se deve subire la distruzione di molti edifici appartenenti a famiglie nemiche dei senesi.

Abbiamo osservato nel brano in corsivo l'uso di un particolare tipo di Presente detto "storico", che si usa per raccontare un avvenimento del passato.
Proviamo ora a raccontare il brano con i verbi al passato (Passato prossimo e Imperfetto).

Attività 10 >>

Guardiamo i disegni e le relative informazioni e poi scriviamo i testi al passato.

Quando eravamo piccoli, tutti in famiglia adoravamo fare trekking in montagna. Ma un certo giorno...

____

Lavoravo in quell'ufficio solo da pochi giorni e un lunedì sono arrivato in ritardo. Il capo mi aspettava sulla porta dell'ascensore: dovevo trovare una scusa per il mio ritardo. E allora...

Parole parole...

Spesso troviamo verbi che si costruiscono in modo impersonale, cioè alla 3ª persona singolare e plurale.
Abbiamo già incontrato per esempio il verbo **piacere** (mi piace/mi piacciono), il verbo **interessare** (mi interessa/mi interessano).

Vediamo adesso altri verbi che alla forma impersonale esprimono la necessità, la carenza, la sufficienza, il dovere, il desiderio, la convenienza: **occorrere, bisognare, bastare, toccare, andare** e **convenire.**

mi tocca
devo

Es. Vorrei uscire con i miei amici, ma mi tocca studiare tutto il giorno, perché domani ho un esame molto difficile.

conviene
è meglio

Es. Conviene fare la spesa al supermercato: costa meno.
Mi conviene prendere il prossimo treno.

occorre / bisogna
è necessario

Es. Occorre molto coraggio per quest'impresa.
Ci occorre ancora tempo per finire.
Bisogna avere fiducia negli altri.

basta
è sufficiente
è abbastanza

Es. A volte basta un po' di fantasia e tutto è più bello.
Mi basta solo un sacco a pelo per viaggiare.

mi va di
voglio
ho voglia di

Es. Ti va di andare a teatro, stasera? Che ne dici?
Sì, mi andrebbe...

Questi verbi si chiamano impersonali perché non hanno un soggetto grammaticale e si usano sempre alla terza persona singolare.

Attenzione! Alcuni di questi verbi possono avere un soggetto logico ("mi basta" = "questo basta a me").
Altri sono assolutamente impersonali ("bisogna"; "piove"; nevica"...).

Attività 11 >>

Sostituiamo i verbi impersonali del brano con le forme che troviamo sotto:

Marcello si organizza.

Mi va di _________ preparare un frappè per i miei amici; la frutta mi basta _________, ma mi manca _________ il latte: uffa! Mi tocca _________ andare di nuovo al supermercato!
Forse, prima di uscire, mi conviene _________ controllare se occorre _________ anche lo zucchero: bisogna _________ essere organizzati!

Non ho - devo - voglio - è necessario - serve - è meglio - è sufficiente

Punto e ... a capo!

Inseriamo i verbi al Tempo passato (Passato prossimo o Imperfetto). Attenzione: i verbi non sono sempre in ordine!

1. Mentre Caterina ____________ il latte, noi ____________ gli esercizi di grammatica (fare/prendere). **2.** Quando ____________ studente ____________ il Canada e ____________ di rimanerci per due anni (decidere/essere/visitare). **3.** Stamattina ____________ la spesa al mercato e poi ____________ per gli amici (cucinare/fare). **4.** (Io) non ____________ venire da te perché ____________ la macchina dal meccanico (potere/avere). **5.** Durante l'attesa (loro) ____________ due birre e ____________ tutto il giornale (bere/leggere). **6.** Quando mia nonna Angelina ____________ giovane, ____________ anche il sabato e la domenica mattina (lavorare/essere). **7.** Chi ____________ queste chiavi? Le ____________ loro sul pianerottolo di casa (perdere/trovare). **8.** Mentre (noi) ____________, ____________ l'allarme dei vicini (suonare/dormire). **9.** Negli ultimi trent'anni il clima ____________ molto: prima ____________ meno cataclismi (esserci/cambiare). **10.** Filippo! Quanto tempo ____________ dall'ultima volta che ____________! (vedersi/passare). **11.** (Io) non ____________ partecipare all'incontro perché quelle persone ____________ antipatiche (starmi/volere). **12.** Attilio e Bruna ____________ andare via perché ____________ un appuntamento importante. (avere/dovere).

Unità 14

Quanto tempo è passato!

Caro diario...

Giugno '88.

...oggi ho parlato con la mia amica Paola. Dopo le medie vogliamo studiare lingue e poi faremo le hostess e viaggeremo per tutto il mondo.
In uno dei nostri viaggi incontrerò un ragazzo stupendo, poi mi sposerò e avrò un bambino. Sarà bellissimo!
Giulia.

Com'è bella la vita!
Oggi ho ritrovato un mio vecchio diario di quando ero adolescente.
Che bei sogni!
A pensarci bene, si sono avverati tutti, anche se avevo detto che sarei diventata hostess, e non è stato così. Mio marito poi, che non è certo un modello ma per me è il più bello del mondo, l'ho conosciuto sul 37B, che va dal centro alla stazione: fa il "pilota" di autobus, il mio eroe!
E i bambini, altro che uno! Senza quasi accorgermene, sono diventati quattro! E quanti viaggi faccio con loro... su Internet!

> Sottolineiamo tutti i verbi nel testo e troviamo i Tempi nuovi.

____

____

____

Idea! *Facciamo il punto!*

Nel secondo brano ci sono due Tempi nuovi:
"... **avevo detto** che **sarei diventata** hostess..."

"**Sarei diventata**" è un **Condizionale composto**, che vedremo fra poco.
"**Avevo detto**" è un **Trapassato prossimo**, un Tempo composto usato per esprimere "il passato di un passato". È formato dall'ausiliare all'Imperfetto + il Participio passato.

Mettiamo questo esempio sull'asse del tempo:
*Es. Quando sono arrivato a casa sua, lui **era** già **uscito**.*

"Era uscito"	**"Sono arrivato a casa"**
Questa è un'azione più passata: un'azione trapassata.	Questa è un'azione passata.

Notiamo!

- Il Trapassato prossimo è accompagnato spesso dalle parole **appena**, **già**, **da poco**.
- Può essere usato anche da solo, per indicare azioni o stati d'animo mai avvenuti prima. In questi casi è accompagnato di solito da avverbi di tempo come: **mai**, **prima**, **non**... **ancora**.
  *Es. Non mi ero **mai** sentita così felice **prima** d'ora!*

Attività 1 >

Inseriamo il Trapassato prossimo.

1. Quando è arrivata Luciana, ________________ (io/fare) già tutti i compiti. **2.** Milva ha mangiato la torta che ________________ (preparare/tu) ieri e ha detto che era veramente squisita. **3.** Ho visto il film che mi ________________ (consigliare/tu). **4.** Giorgio e Emilio sono andati in Sardegna dopo che ________________ (visitare) tutta la Riviera romagnola. **5.** ________________ (io/incontrare) già Sara, quando mi hai raccomandato di non dirle niente del tuo nuovo lavoro. **6.** Sapevamo che tu ________________ (lavorare) tanto ultimamente e così ti abbiamo invitato per un fine-settimana al mare da noi.

Attività 2 >>

Ora, proviamo a concludere le frasi con il Trapassato prossimo.

1. Ieri quando sono arrivato da Margherita, ____________________
2. Un mese fa ho capito che Simone ____________________
3. Quando sono uscito di casa ____________________
4. Quando ho acceso il computer ____________________
5. Marinella ha portato il regalo che tu ____________________
6. Ieri sera ho visto in TV un film ____________________
7. Giorgio mi ha telefonato ieri sera, ma io ____________________
8. Che bel panorama che c'è qui! ____________________

Attività 3 >>>

Inseriamo il verbo, scegliendo fra:
Passato Prossimo, Imperfetto e Trapassato Prossimo.

1. Luisa e Olga ______________ (pensare) di aprire un negozio, poi ______________ (decidere) di continuare a studiare e ______________ (iscriversi) all'università. **2.** ______________ appena ______________ (noi/finire) di mangiare quando Carlo ci ______________ (portare) una torta al limone. **3.** La scorsa estate ______________ (noi/riuscire) a fare una vacanza in Marocco, perché ______________ (risparmiare) molto durante l'anno. ______________ (essere) da molto tempo che ______________ (sognare) di andare in Africa. **4.** Tutte le volte che ______________ (io/incontrare) Nadia, lei ______________ (sembrare) triste, poi ______________ (io/sapere) cosa le ______________ (succedere). **5.** ______________ (noi/essere) sfortunate, perché quando ______________ (arrivare) al porto, il traghetto ______________ già ______________ (partire). **6.** Non ______________ mai ______________ (io/vedere) mio padre così nervoso! **7.** Simone e Leonardo ______________ (organizzare) il viaggio da molto tempo, poi Simone ______________ (dovere) rinunciare alle vacanze per problemi di famiglia. **8.** ______________ (io/perdere) le chiavi di casa mentre ______________ (correre) per cercare di prendere la metropolitana; ______________ (essere) molto in ritardo e ______________ (volere) recuperare il tempo perso.

Italia & Italia

Ferrari: un mito tutto italiano.

La Ferrari non è solo una macchina, ma un insieme di simboli: velocità, lavoro di squadra, corse, vittorie e soprattutto Enzo Ferrari.
Questo famoso costruttore è nato a Modena nel 1898; da giovanissimo ha lavorato per alcuni anni nell'officina meccanica del padre e a soli 21 anni già correva come pilota.
La "fabbrica Ferrari" ha aperto i battenti nel 1929; era inizialmente di modeste dimensioni: aveva infatti solo 5 persone che ci lavoravano ma con grande entusiasmo e creatività. All'inizio il marchio Ferrari doveva soltanto produrre i motori da corsa per l'Alfa-Romeo, poi nel 1947 è uscita la prima vettura Ferrari, naturalmente di colore rosso!
Maranello è diventata la città della Ferrari: un piccolo paese in provincia di Modena, dove si avverte ovunque la presenza di questo grande nome.
Sono molte le persone di Maranello che lavorano alla Ferrari; l'affetto della gente per i piloti, la passione con cui segue le gare coinvolge anche il prete del paese che, ad ogni vittoria, suona le campane della chiesa. Enzo Ferrari nella sua vita ha fatto il meccanico, il pilota, il direttore sportivo e ha scritto anche dei libri; ma soprattutto ha costruito le Ferrari che hanno vinto e hanno fatto sognare tutta l'Italia. Enzo Ferrari è morto nel 1988, ma il mito Ferrari vive ancora, conosciuto e apprezzato in tutto il mondo.

> Proviamo a sottolineare i verbi e a indicare i Tempi. Motiviamo l'uso all'insegnante.

> Parliamo di un simbolo altrettanto forte nel vostro Paese com'è la Ferrari per gli italiani.

Idea! *Facciamo il punto!*

Osserviamo ✍: "sarei voluta diventare hostess...". Questo è un **Condizionale composto**. Si usa per esprimere un desiderio irrealizzato o un'azione che per qualche ragione non si può, non si potrà e/o non si è potuta compiere. Si forma con il Condizionale semplice degli ausiliari **essere** e **avere** + il Participio passato del verbo principale.

Es. ***Sarei venuto*** *volentieri al cinema con voi, ma devo studiare.*
Avrei mangiato *con piacere quel dolce, purtroppo sono a dieta.*

Attenzione!

Si usa indifferentemente nel presente, passato e futuro.

Es. ***Avrei spedito*** *quella lettera oggi stesso, ma non ho l'indirizzo.*
Ieri Maura e Marco ***sarebbero andati*** *volentieri al parco ma pioveva.*
Domani, ***avrei rivisto*** *volentieri Gregorio, purtroppo sarà impegnato.*

Notiamo!

Questo Tempo è spesso accompagnato dalle congiunzioni:
ma, **però**, **purtroppo**.

Attività 4 >>

Concludiamo le frasi con un Condizionale composto.

1. L'anno scorso ho visto in un negozio un magnifico pianoforte a coda:

____

2. Ieri sera Antonia ci ha invitati a una festa:

____

3. Riuscirò a partire per Ginevra solo lunedì prossimo:

____

4. Stamattina quando ci siamo svegliati pioveva e faceva freddo:

____

5. In agosto sono rimasta in città a lavorare:

____

6. Oggi pomeriggio devo assolutamente andare dal dentista:

____

Attività 5 >>

Costruiamo le frasi con il Condizionale composto secondo il modello.

Comprare/una Ferrari/ma/costare troppo.
Avrei comprato volentieri una Ferrari ma costa troppo.

1. Io guardare/quel film in tv/ma/essere/ troppo stanca.
2. Luigi prendere/un altro Brandy/ma/dovere guidare.
3. Voi rimanere/al parco per prendere il sole/ma/dovere andare a scuola.
4. Noi volere continuare/le vacanze/purtroppo/bisognare lavorare.
5. Filippo desiderare tanto/un fratellino/ma/i genitori/non volere.
6. Loro cucinare/volentieri/ma/non avere/mai tempo.
7. Io spiegare a Silvana/le mie ragioni/ma/lei essere/troppo testarda e non volere ascoltarmi.
8. Noi mandare/i ragazzi alla gita/ma/loro essere in punizione/perché essere disobbedienti.

Attività 6 >

Trasformiamo le frasi al Condizionale composto.

Es. Perché non ti sei svegliato prima?
Avresti dovuto svegliarti prima.

1. Perché non avete preso quelle medicine?
____

2. Perché nonostante la pioggia non siamo tornati subito a casa?
____

3. Perché Maria non ha indossato un abito elegante per andare a teatro?
____

4. Perché non hai ascoltato i consigli del nonno?
____

5. Perché sono partiti senza salutarci?
Non ______________________________

6. Perché Tiziano ha abbandonato l'università?
Non ______________________________

Attività 7 *Parliamo insieme*

Leggiamo le vicende di questi tre ragazzi.

Gustavo

Ieri, mentre andavo in macchina al palazzetto dello sport per suonare al primo concerto importante della mia vita, ho visto da lontano una macchina capovolta fuori strada. Ho frenato bruscamente e mi sono precipitato per prestare aiuto. Dal finestrino una ragazza mi ha implorato di tirarla fuori, ma la portiera era bloccata e allora io ho chiamato i vigili del fuoco e sono rimasto lì ad aspettarli facendole coraggio.
Lei ora sta meglio. Io ho perso il concerto.

Emanuele

Accidenti alla mia timidezza! Ieri mentre uscivo dall'università ho incontrato Alice che raccoglieva i suoi appunti sparsi per tutto il pavimento; mi sono precipitato ad aiutarla e alla fine quando lei mi ha guardato dritto negli occhi e mi offerto un caffè al bar per ringraziarmi, io stupidamente le ho risposto che non bevo caffè perché mi rende nervoso.
Erano mesi che aspettavo un'occasione per avvicinarla e ho rovinato tutto così stupidamente!

Brenda

Tre giorni fa sono andata al supermercato per fare la spesa e ho visto una signora anziana che rubava qualcosa al banco dei formaggi.
Lei non si è accorta di me, ma io l'ho vista bene e sono andata subito a cercare il direttore del negozio.
Ho bussato convinta alla porta del suo ufficio, ma quando mi sono trovata faccia a faccia con lui, tutto il mio impeto è svanito e mi sono ritrovata a chiedere delle informazioni sulle promozioni dei surgelati.

> Che cosa avremmo fatto noi al posto di Gustavo, Emanuele e Brenda?
> Abbiamo mai vissuto una situazione simile? Raccontiamola a un compagno e poi chiediamogli che cosa avrebbe fatto lui/lei al nostro posto.

Idea! *Facciamo il punto!*

Il **Condizionale composto** si usa anche per esprimere il cosiddetto Futuro nel passato:
Abbiamo già imparato l'uso del Futuro rispetto al Presente nell'Unità 11.
Invece, con il Condizionale composto indichiamo un'azione successiva ad un'azione passata: per questo prende il nome di "Futuro nel passato".

*Es. **Speravo** che **sareste venute** alla riunione di ieri sera.*
*Quando ero piccolo **immaginavo** che da grande **avrei insegnato** italiano.*

Il terzo e ultimo uso del **Condizionale composto** è per esprimere una notizia non confermata di un avvenimento passato.

*Es. Voci non confermate dicono che l'alluvione **avrebbe causato** ingenti danni.*

Attività 8 >>

Completiamo le frasi seguenti, scegliendo fra: Condizionale semplice e composto.

1. Che peccato! ________________ (volere) anch'io l'autografo di quel cantante! **2.** ________________ (io/venire) volentieri a trovarti, ma devi dirmi quando sei libera! **3.** Ieri mio padre mi ha telefonato per dirmi che oggi ________________ (andare) dal dottore. **4.** Mi ________________ (voi/aiutare) per favore? Non riesco ad alzarmi. **5.** Due anni fa un gruppo di terroristi aveva annunciato che ________________ (fare) un altro attentato in quel Paese. **6.** Il 10 agosto prossimo è l'anniversario di matrimonio dei miei genitori: credi che gli ________________ (piacere) fare un bel viaggio?

Parole parole...

Nella lingua italiana ci sono parole i cui contrari si formano aggiungendo una "s" all'inizio e che, generalmente, hanno una connotazione negativa.

*Es. piacevole - **s**piacevole*

Adesso continuiamo con i seguenti aggettivi:

fortunato	composto	coperto
....	....	....

gradevole	conosciuto	cortese
....	....	....

Si può fare anche con i verbi:

caricare	comparire	montare	consigliare
....	....	....	....

Attenzione alle seguenti parole!

In questi casi la "s" non indica il contrario ma un altro significato; cerchiamolo con l'aiuto del dizionario e/o dell'insegnante e poi formiamo delle frasi con questi "falsi contrari".

- cadere / scadere
- premere / spremere
- cambio / scambio
- colpire / scolpire
- fuggire / sfuggire
- contato / scontato
- cotto / scotto
- bocciare / sbocciare

E ora giochiamo!

L'insegnante scrive alla lavagna diverse frasi al Condizionale semplice o composto (desideri più o meno realizzabili), che siano il più possibile insolite e apparentemente illogiche.
Per esempio: "Avrei voluto bagnarmi fino al collo!", "Non vorremmo vincere per nulla al mondo" ecc. A coppie (o a gruppi più numerosi) gli studenti scelgono una frase e costruiscono una situazione verosimile che potrà essere drammatizzata.
Alla fine si può votare la scenetta più divertente.

Buon divertimento!

Come si dice...

Le espressioni con la preposizione "a"

Colleghiamo questi modi di dire al loro significato.

a buon mercato	più o meno	alla carlona
a occhio e croce	a voce molto alta	a squarciagola
alla chetichella	economico	a quattr'occhi
a bizzeffe	due persone di fronte	a puntino
alla rinfusa	senza badare all'ordine	a bruciapelo
	eseguito per bene	
	improvvisamente	
	grossolanamente	
	di nascosto	
	in grande quantità	

Di tutto un po'

Le parole del passato.

Proviamo a scegliere le parole da inserire nelle frasi.

1. ________ anno ho cominciato a studiare spagnolo.	lo scorso il passato
2. Sono stato in Messico due anni ________	da / fa
3. ________ due anni ho lavorato come cameriere in una pizzeria.	da / per
4. ________ l'ho conosciuto la mia vita è cambiata.	da quando mentre
5. Ricordo che ________ avevo ancora il mio cane con me.	allora quando
6. È ________ che penso di cambiare casa e città.	allora un po' di tempo
7. ________ Giorgia non torna io non mi muovo di qui.	fino a quando quando
8. Mi ricordo che ________ abitavo ancora in centro.	a quel tempo quando

Proviamo ora, a coppie, a utilizzare le parole sbagliate di ogni frase per costruire altre frasi di senso compiuto.

____

____

____

____

____

____

____

Punto e ... a capo!

Scegliamo la forma giusta dei verbi.

Ieri pomeriggio, mentre ______________ (tornavo / sono tornata) a casa dall'università, ______________ (incontravo / ho incontrato) Orlando. ______________ (erano / sono stati) almeno due anni che non lo ______________ (avevo visto / vedevo). Come ______________ (è cambiato / aveva cambiato)! ______________ (è dimagrito / dimagriva) e ______________ (cambiava / ha cambiato) il taglio dei capelli. Ora è proprio bello. Se penso a tutte le volte che mi ______________ (aveva chiesto / ha chiesto) di uscire con lui! Gli ______________ (dicevo / avevo detto) sempre di no e non ______________ (pensavo / avrei mai pensato) che me ne ______________ (sarei pentita / sono pentita).

Non ______________ (ho avuto / avevo) il coraggio di salutarlo e ______________ (ho continuato / avevo continuato) ad osservarlo da lontano.

Scegliamo fra Trapassato prossimo e Condizionale composto.

1. ____________ (ero venuto / sarei venuto) volentieri ma non potevo. **2.** Gianni e Lorenzo ____________ (avevano appena finito / avrebbero appena finito) di lavare la macchina quando ha cominciato a piovere. **3.** ____________ (avevo deciso / avrei deciso) di venire da te quando ho ricevuto un telegramma urgente. **4.** ____________ (avevo cucinato / avrei cucinato) con piacere una torta di mele ma non avevo le uova. **5.** Non ____________ (ero stata / sarei stata) mai così felice come quella volta! **6.** Il petroliere texano ____________ (aveva appena / avrebbe appena) comprato il Colosseo, quando ha scoperto con sua grande sorpresa che non era in vendita! **7.** Ti ____________ (avevo aiutato / avrei aiutato) molto volentieri, ma hai sempre detto che non avevi bisogno di nessuno. **8.** Non mi hai neanche ringraziato dopo che ti ____________ (avevo salvato / avrei salvato) la vita.

Unità 15

Te lo ricordi?

Mio nonno Bruno

Mio nonno va ogni pomeriggio al bar per giocare a carte con gli amici; prima di uscire però, si veste con cura. Tira fuori i pantaloni dall'armadio e li infila, apre un cassetto, prende una camicia e l'abbottona e, siccome ha sempre freddo, cerca il suo maglione grigio e lo indossa. Gli piace avere le scarpe sempre in perfetto ordine e le lucida tutti i giorni. Va in cucina dove mia nonna Elena prepara la sfoglia (la fa ogni giorno) e le dà un bacio su una guancia. Lei lo guarda seria e gli dice di non tornare tardi come al solito, altrimenti troverà la porta chiusa. Glielo promette sempre ma non lo fa mai! Il nonno Bruno alza le spalle e la nonna borbotta fra sé e sé scuotendo la testa: bisticciano sempre ma lo fanno solo per abitudine. Il nonno si chiude la porta alle spalle, unisce le mani dietro la schiena, le tiene sempre così, e con il suo passo lento si avvia per strada.

Cerchiamo tutti i pronomi e inseriamoli nei due insiemi.

Pronomi diretti	**Pronomi indiretti**
____	____
____	____
____	____
____	____
____	____
____	____
____	____
____	____
____	____

Hai notato che c'è un pronome nuovo? Qual è? ______________________

Idea! Facciamo il punto!

I pronomi combinati

Abbiamo visto nell'Unità 10 che i pronomi sostituiscono i nomi.
Quelli diretti sostituiscono un nome collegato al verbo senza preposizioni.
Quelli indiretti sostituiscono un nome collegato al verbo con la preposizione "**a**".

Facciamo un esempio con il verbo **regalare**:

> Regalerò ("che cosa?") **un libro**, ("a chi?") **a mio fratello**.
>
> Se sostituisco ***un libro***, utilizzo il pronome diretto ***lo:***
> ***Lo*** *regalerò a mio fratello.*
>
> Se sostituisco ***a mio fratello***, utilizzo il pronome indiretto ***gli:***
> ***Gli*** *regalerò un libro.*

Se vogliamo sostituire entrambi i nomi, abbiamo bisogno dei **pronomi combinati**, formati da:

> pronome indiretto + pronome diretto
> ***Glielo*** *regalerò.*

Attenzione!
È importante mantenere sempre quest'ordine.

La posizione dei pronomi combinati nella frase è sempre la stessa: prima del verbo oppure, in un'unica parola, alla fine del verbo all'Infinito (come anche con l'Imperativo, il Gerundio e il Participio).
Es. Una cartolina? Sì, ***te la*** *spedisco volentieri! Voglio mandar****tela*** *da Roma!*

Attenzione!

Quando i pronomi indiretti **mi**, **ti**, **ci** e **vi** sono seguiti da un diretto, cambiano e diventano **me**, **te**, **ce** e **ve**.
Es. ***Te lo*** *dico io che cosa è successo!*
Che bella casa! ***Me la*** *vorrei comprare.*

> **glielo/gliela/glieli/gliele** si scrivono attaccati e "glie" significa: "a lui/a lei/a Lei/a loro".

*Es. Vuole sapere l'ora, Signore? **Gliela** dico subito!*
*I miei amici vorrebbero vedere il tuo dvd: **glielo** presti?*

> Al posto del pronome diretto può esserci il **ne** partitivo.

*Es. L'insegnante non ha più idee: chi **gliene** suggerisce una?*
*Vorremmo assaggiare il tuo dolce: **ce ne** offri un po'?*

Attenzione!
I pronomi combinati nei Tempi composti devono essere accordati per genere e numero, proprio come i pronomi diretti.

Attività 1 >

Riempiamo la tabella.

	MI	TI	GLI	LE	CI	VI	GLI
LO	______	______	______	______	______	______	______
LA	______	______	______	______	______	______	______
LI	______	______	______	______	______	______	______
LE	______	______	______	______	______	______	______
NE	______	______	______	______	______	______	______

Attività 2 >>>

Completiamo le frasi con i pronomi combinati e inseriamo un verbo adatto.

*Es. Ho bisogno di un consiglio: **me lo dai**?*

1. Cesare vuole un passaggio in centro: ____________________
2. A Pina serve la ricetta del tiramisù: ____________________
3. Federica ha urgente bisogno di soldi: ____________________
4. Signora, mi servono due firme qui: ____________________
5. Abbiamo bisogno di sei bottiglie di vino: ____________________
6. Mi piacerebbe tanto leggere il tuo libro: ____________________
7. Ci interessa molto la vostra opinione: ____________________
8. Avete bisogno di un dizionario? ____________________

Attività 3 >>

Completiamo il dialogo con i pronomi combinati con verbi al presente e al passato.

Direttore: «Signorina, ho bisogno del numero di telefono dell'avvocato Mangiapolli!»
Segretaria: «________ porto subito, signor direttore.»
Direttore: «Ma insomma, si può sapere dove ha messo l'agenda?»
Segretaria: «________ mess_ nel secondo cassetto della scrivania.»
Direttore: «E il mio telefonino dov'è? Lo sa che lo voglio sempre vicino a me!»
Segretaria: «________ infilat_ nella borsa, come faccio sempre quando ha un appuntamento fuori ufficio.»
Direttore: «Ah, bene. A proposito... gli appuntamenti mi rendono nervoso: dove diavolo sono le mie pillole per la pressione?»
Segretaria: «________ ho appoggiat_ sulla mensola accanto al telefono. Le ricordo che oggi è il suo quindicesimo anniversario di matrimonio: sarebbe carino se... »
Direttore: «Accidenti, è vero! Dovrebbe andare dal fioraio e comprare un mazzo di fiori per mia moglie. Potrebbe scrivere anche un biglietto di auguri affettuoso a nome mio?»
Segretaria: «E dove devo mandar________?»
Direttore: «Ma a casa, no? Ma insomma, devo proprio dirLe tutto io!»
Segretaria: «Solo un'ultima cosa, direttore; questa è la mia lettera di dimissioni: dove devo metter________?»

Attività 4 >>

Proviamo a unire le due parti.

Hai dato a Mila i suoi appunti?	Sì, gliel'ho detto
Ci presti la tua auto?	Sì, glieli ho dati
Hai detto a Lilia di quel suo amico?	Sì, gliel'ho venduta ieri
Mi dai il tuo libro, per favore?	No, non ve la posso prestare
Hai affittato la tua casa a Marco?	Sì, va bene, te le presto
Hai venduto la bicicletta a Nicoletta?	No, non gliel'ho ancora detto
Mi presti le tue chiavi di casa?	Sì, gliel'ho affittata
Le hai detto di venire prima?	Sì, te lo do

Attività 5 >>>

Rispondiamo alle domande usando un pronome combinato e inserendo le parole a fianco.

1. Dicevi che gli avresti regalato un libro, l'hai fatto?
Sì, ______________________________

2. Hai spedito il pacco a Lucia per posta prioritaria?
No, ______________________________

3. Hai dato a Maura il messaggio di Antonella e Elio?
Sì, ______________________________

4. Vi hanno dato il regalo che vi ho mandato da Bali?
No, ______________________________

5. Hanno fatto infine il regalo di nozze a Lina e Ugo?
Sì, ______________________________

6. Hai chiesto a Gino di farmi quel favore?
Sì, ______________________________

7. Conosci la nuova moglie del direttore?
No, ______________________________

8. Hai letto la favola ai tuoi bambini ieri sera?
Sì, ______________________________

già
ancora
poco fa
finora
finalmente
da tempo
mai
come sempre

Attività 6 >>>

Tra i seguenti verbi ci sono degli intrusi che non possono essere usati con i pronomi combinati. A coppie, eliminiamo gli intrusi.

dare, offrire, dispiacere, bastare, dire, confermare, occorrere, sembrare, permettere, andare, rendere, chiedere

«Ne vuoi un po' ?»

Giuseppina: «Ho fatto una torta al caffè, ne vuoi un po'?»
Carolina: «Sì, volentieri. Ho una fame da lupo.»
Giuseppina: «***Te lo*** dico sempre di non saltare il pranzo.»
Carolina: «Ma ho sempre tanto da fare... non ***me lo*** posso proprio permettere di fare la pausa pranzo...»
Giuseppina: «Vedi tu... io non lo farei mai di lavorare anche...»
Carolina: «Sì, lo so, per te il pranzo è sacro! Ma lo sai che questa torta è favolosa, ***me ne*** daresti un'altra fetta?»
Giuseppina: «Certo, mi viene bene questo dolce, vero?»

Come si dice...

una scodella una tazzina	di caffè	una bottiglia un barattolo	di piselli
un fiasco una lattina	di aranciata	una scatoletta una lattina	di tonno
un boccale una coppa	di birra	un pacco una stecca	di biscotti
un tubetto un fiasco	di vino	un grappolo un pacco	d'uva
una scatola un tubetto	di maionese	una bustina una presa	di zucchero
un rotolo un tubo	di carta igienica	una presa una manata	di sale

Ora, a coppie, proviamo a usare alcune delle parole che esprimono quantità e costruiamo nuove frasi.

E ora giochiamo!

Vogliamo organizzare una cena di fine corso. A gruppi di 3/4 persone prepariamo un menù dettagliato, poi scriviamo la lista delle cose da comprare al supermercato specificando le quantità. Nella lista non possono mancare queste parole: fiasco, lattina, scatoletta, pacco, tubetto, confezione e barattolo. Vince il gruppo che ha esaudito meglio tutte le richieste e ha creato un menù appetitoso e originale.
Si può anche concludere con un scenetta dal salumiere o dal macellaio per l'acquisto degli ingredienti necessari per la cena.

Buon divertimento!

Attività 7 >>

Rispondiamo alle domande usando un pronome combinato.

1. Vuoi della torta?	Sì, _______ dai una fetta, per favore?
2. Compri le mele a Eva?	Sì, _______ compro al supermercato.
3. Regali il CD a Sonia?	Sì, _______ regalo per il compleanno.
4. Vuoi un po' di tè?	Sì, _______ dai una tazza?
5. Ci presti i tuoi appunti?	Sì, _______ presto volentieri.
6. Vi compro il giornale?	Sì, _______ compri prima di tornare?
7. Gli hai dato tu il pane?	Sì, _______ ho dato mezzo chilo.
8. Volete del sale?	Sì, _______ serve un po' per la pasta.

Attività 8 >>

Parole in libertà!

Guardiamo le brevi frasi elencate e sostituiamo il pronome combinato con un oggetto diretto e un oggetto indiretto.
Pensiamo ai nostri compagni di classe e usiamo un po' di fantasia.

Es. Glielo compro → un libro all'insegnante.
→ un orologio a Lucas (che arriva sempre tardi in classe).

Gliela regalo	_______________	Gliela chiudo	_______________
Glieli riporto	_______________	Glieli prendo	_______________
Glielo do	_______________	Gliele presento	_______________
Gliele presto	_______________	Glielo vendo	_______________

In conclusione, vediamo i principali verbi che richiedono i pronomi diretti e indiretti.

Verbi principali che vogliono il pronome diretto
domanda:
"chi?" - "che cosa?"

accendere	**incontrare**
accettare	**invitare**
amare	**leggere**
aprire	**mangiare**
accompagnare	**mettere**
aiutare	**pagare**
avere	**parlare**
avvertire	**prendere**
bere	**preparare**
cambiare	**ringraziare**
capire	**ripetere**
chiamare	**salutare**
comprare	**studiare**
copiare	**svegliare**
dimenticare	**trovare**
dire	**usare**
fare	**vedere**
finire	**visitare**
imparare	**volere**

Verbi principali che vogliono il pronome indiretto
domanda:
"a chi?" - "a che cosa?"

bastare
dispiacere
importare
interessare
occorrere
parere
piacere
rispondere
scrivere
sembrare
servire
telefonare

Quando chiamo Paola?
La chiamo domani.

Quando telefoni a Paola?
Le telefono domani.

Osserviamo!

Questo elenco è parziale e indicativo!

Infatti, ci sono dei verbi che possono rispondere a tutt'e due le domande: con questi verbi si usano i pronomi combinati.

*Es. Compro <u>la bicicletta</u> <u>a mio figlio</u>. → **Gliela** compro.*
la gli

Idea! *Facciamo il punto!*

Il "ci" di luogo.

Lo abbiamo già incontrato alcune volte, ma non ci siamo ancora soffermati su questo pronome: serve per indicare un luogo e significa "in questo e/o in quel luogo".

Es. Vieni a ballare stasera? Sì, ***ci*** *vengo volentieri.*
Lisa, vuoi andare al mare? Sì, quando mi ***ci*** *porti?*

> **Nota:**
> Non confondiamolo con il "ci" riflessivo (ci svegliamo presto), né con i pronomi diretto e indiretto (quando ci chiamate, ci raccontate tutto).

Di tutto un po'

Quando le parole suonano.

In Italiano, come in altre lingue, ci sono delle parole che riproducono un suono che esiste in natura: queste parole si chiamano **onomatopeiche**.

Proviamo a scoprire a quali rumori si riferiscono queste parole:

borbottare
mugolare
stridere
strusciare
cinguettare
ticchettìo
sciacquare
bisbigliare
mormorare
fruscìo
scivolare
sussurrare
sciabordìo
fischiare

Ora, a coppie, proviamo a concludere le frasi date e a scriverne altre.

1. Non riesco a dormire con questo ____________ dell'orologio. **2.** Il treno ____________ quando parte e quando arriva. **3.** Luciano è veramente noioso, ogni giorno ____________ che c'è qualcosa che non va. **4.** (Io) ____________ i piatti, ma tu me li asciughi, per favore? **5.** Dalla finestra della mia camera sento il ____________ delle foglie mosse dal vento.

____

____

____

I buoni prodotti dell'Italia!

Durante il tuo soggiorno in Italia hai sicuramente assaggiato molte nostre specialità, ma saresti in grado di indicare anche la loro provenienza? Per alcuni prodotti la risposta è facile, per altri invece ci sarà bisogno dell'aiuto dell'insegnante.

Ecco una lista di alcuni prodotti tipici: in coppia, cerchiamo di associare ciascun prodotto alla regione di origine.

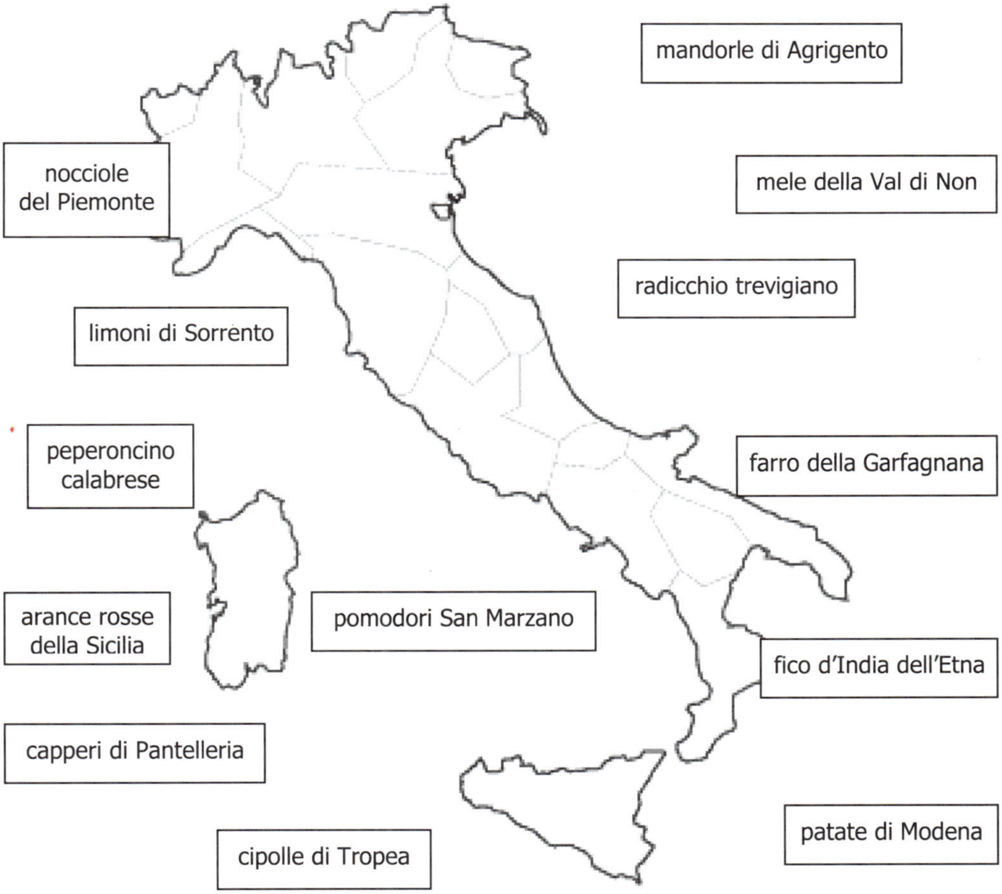

Alcuni di questi prodotti sono così fortemente legati alla loro zona di produzione che hanno ottenuto dall'Unione Europea un riconoscimento particolare: i marchi IGP (Indicazione Geografica Protetta) e DOP (Denominazione d'Origine Protetta) che garantiscono che il prodotto è stato coltivato e lavorato sul posto. Infatti possono riportare sull'etichetta il logo della regione o dell'ambiente geografico.

Una macchina?

una macchinona

una macchinina

una macchinaccia

Che differenza c'è fra le tre parole? Cosa indicano? Ascoltiamo anche il suono diverso di queste parole per intuire il loro significato.

Idea! *Facciamo il punto!*

I nomi alterati

Qui di seguito vediamo le terminazioni che ci indicano una parola alterata nel significato.

DIMINUTIVI			
singolare maschile	singolare femminile	plurale maschile	plurale femminile
-ino	**-ina**	**-ini**	**-ine**
-etto	**-etta**	**-etti**	**-ette**
-uccio	**-uccia**	**-ucci**	**-ucce**

PEGGIORATIVI			
singolare maschile	singolare femminile	plurale maschile	plurale femminile
-accio	**-accia**	**-acci**	**-acce**

ACCRESCITIVI			
singolare maschile	singolare femminile	plurale maschile	plurale femminile
-one	**-ona**	**-oni**	**-one**

*Es. una donn**ina**, una donn**etta**, una donn**uccia**; una donn**accia**, una donn**ona**.*

Per quanto riguarda i diminutivi, le tre possibilità vengono adottate da poche parole; in genere una parola adotta una sola versione.

*Es. Un tavol**ino*** ma non *un tavol**etto**.*

Attenzione!

Un "polpaccio" non è un polpo feroce!

Molte parole sono solo apparentemente dei nomi alterati. Osserviamo!

Falsi diminutivi	Falsi peggiorativi	Falsi accrescitivi
pulcino bambino camino...	polpaccio castagnaccio pagliaccio...	mattone campione vagone...

. un pulcino non è una piccola pulce!
. un polpaccio non è un polpo cattivo!
. un mattone non è un grande matto!

E ora giochiamo!

L'insegnante prepara una lista di nomi terminanti in -one, -ino, -accio, e dopo aver diviso la classe in due squadre, leggerà ad alta voce i nomi. Il primo studente che dirà se si tratta di falso o vero alterato (e in questo caso di quale nome), darà un punto alla squadra.

Buon divertimento!

Parole parole...

Nella lingua italiana ci sono parole che formano il contrario aggiungendo solo il prefisso "dis-"; generalmente hanno una connotazione negativa. Osserviamo le parole più usate.

organizzato/disorganizzato	umano/disumano	sperare/disperare	
interessato/disinteressato	onesto/disonesto	imparare/disimparare	
fare/disfare	uguale/disuguale	ordinato/disordinato	pari/dispari

Punto e ... a capo!

Rispondiamo alle domande usando un pronome combinato.

Porti le scarpe dal calzolaio? ________	Prepari il caffè a tua moglie? ________
Scrivi una lettera a Gianni? ________	Offri il tè ai ragazzi? ________
Compri un profumo alla zia? ________	Porti il caffè a tuo padre? ________
Spedisci questi pacchi a Lia? ________	Pettini i capelli alla bimba? ________
Offri la pizza ai tuoi amici? ________	Chiedi un piacere a Serena? ________

Unità 16

Facci sognare!

Tifosi al Giro d'Italia

Barbara, 15 anni, tifosa di ciclismo su strada e suo zio Flavio.

Barbara: «È vero, zio, che andiamo matti per il Giro, però aspettare qui per la strada, sotto questo solleone, solo per veder passare i ciclisti in volata, per pochi secondi...»

Zio Flavio: «Eh! La passione è anche sacrificio, sai! Mettiti il berretto in testa e bevi un sorso d'acqua, che poi ti senti meglio.»

Barbara: «Ma fra quanto passeranno? Non vedo nessuno... Dimmi di nuovo che ore sono!»

Zio Flavio: «Ancora? Non essere così impaziente! La passione è anche pazien...»

Barbara: «Eccoli! Guarda: arrivano!»

Zio Flavio: «Ecco laggiù Ruggeri *(grida)*... pedala, pedala! Vai* che sei solo!»

Barbara: «Vai, vai! Mettici più grinta! E tu, zio, non mi coprire la vista! *(urla)* Bravoooo!»

Zio Flavio: «Calmati, Barbara, ormai non ti sente più: è passato anche il gruppo degli inseguitori.»

Barbara: «Che emozione! Credimi, zio: anche se è durato solo pochi secondi, ne è proprio valsa la pena!»

* La forma corretta dell'Imperativo diretto di seconda persona del verbo **andare** è: **va'** ma nella lingua parlata si usa di più la forma **vai**.

Idea! *Facciamo il punto!*

Nel dialogo ci sono alcuni verbi (guarda!/pedala!) che si riferiscono alla seconda persona singolare (tu): non si tratta del Tempo Presente ma dell'Imperativo diretto che è il Modo del **comando** e dell'**esortazione**.
L'Imperativo si usa anche per dare indicazioni, istruzioni, consigli e permessi.
Es. ***Parla*** *piano! -* ***Prendi*** *le medicine se vuoi guarire!*
Guardate *che bella ragazza è Gaia! - A teatro* ***teniamo*** *i cellulari spenti!*

Ecco l'Imperativo diretto dei verbi regolari:

	CANTARE	PRENDERE	SENTIRE
tu	cant - **a**!	prend - i!	sent - i!
noi	cant - iamo!	prend - iamo!	sent - iamo!
voi	cant - ate!	prend - ete!	sent - ite!

Come si vede, è uguale al Presente ad eccezione di **tu** dei verbi in -ARE.
Si scrive con il punto esclamativo quando esprime un ordine e un'esortazione.

> Con l'Imperativo diretto i **pronomi** seguono il verbo, formando una parola sola.

*Es. Metti**ti** comodo! - Chiama**mi** pure quando vuoi! - Vediamo**ci** domani!*

Ecco l'Imperativo diretto dei verbi ausiliari:

	ESSERE	AVERE
tu	sii!	abbi!
noi	siamo!	abbiamo!
voi	siate!	abbiate!

Ecco l'Imperativo diretto dei verbi irregolari:

ANDARE	**va' (vai)**
DARE	**da' (dai)**
DIRE	**di'**
FARE	**fa' (fai)**
STARE	**sta' (stai)**
SAPERE	**sappi**

Quando usiamo i pronomi con queste forme irregolari, ad esclusione di sapere, la prima consonante del pronome... raddoppia!
Esempio:
*di**mm**i, da**mm**i, va**cc**i, fa**ll**o...*

> La forma negativa dell'Imperativo alla seconda persona singolare (tu) si esprime con l'Infinito preceduto da **non**.

Es. ***Non bere*** *alcol prima di guidare!*

Attività 1 >

Uniamo i problemi della prima colonna con i consigli della seconda.

Mi sento distrutto	Comprale un mazzo di rose!
Ho litigato con Lidia	Licenziati e trova un altro lavoro!
Ho voglia di cambiare vita	Mangia meno dolci!
Mi bruciano gli occhi	Ricomincia a mangiare carne!
Sono stufo di essere vegetariano	Fa' una vacanza!
I pantaloni non mi stanno più	Compra un collirio!

Attività 2 >

Inseriamo il giusto verbo all'Imperativo diretto fra quelli proposti.

1. Germano, __________ a casa presto stasera, mi raccomando! **2.** Ivo e Carla vanno al mare sabato: __________ anche tu con loro! **3.** Se andate al supermercato __________ la spesa anche per me! **4.** __________ pure quello che pensi! Nessuno ti giudicherà male. **5.** Domani è il compleanno di Ivonne; __________ un regalo originale! **6.** Buona pesca, caro. __________ a casa tanto pesce, così stasera lo friggiamo!

comprare - portare - tornare - fare - dire - andare

Attività 3 >>

Coniughiamo i verbi all'Imperativo diretto con i pronomi.

1. Se hai bisogno di me __________ ! (telefonare). **2.** Quando hai bisogno di un consiglio __________ (chiedere) a tua suocera! Lei sa sempre tutto. **3.** Se ti piacciono questi occhiali da sole __________ ! (comprare). **4.** Quando discutete con le vostre amiche __________ ! (ascoltare). Loro sono più ragionevoli di voi. **5.** Se preferisci quella chitarra elettrica __________ ! (acquistare). **6.** Come hai potuto farmi questo? __________ (chiedere) subito scusa!

Italia & Italia

Dài che arrivi primo!

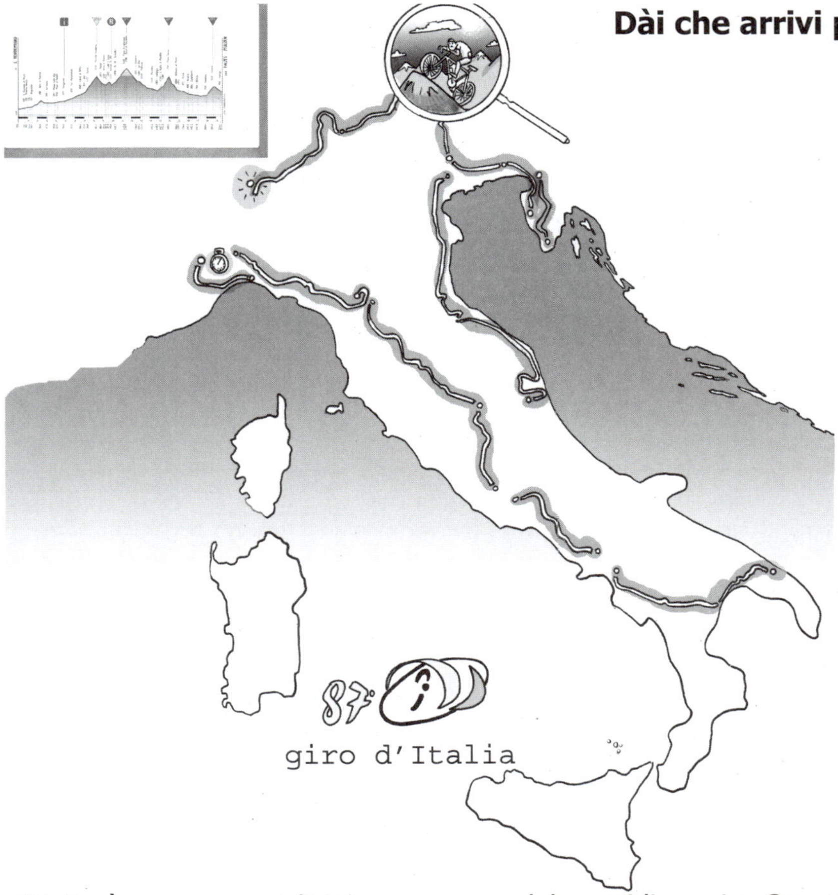

Il Giro d'Italia è una gara ciclistica promossa dal quotidiano *La Gazzetta dello Sport*. È una corsa divisa in tappe che toccano le principali città italiane. Ogni anno il percorso è diverso ma il periodo è sempre lo stesso: fra la metà di maggio e la prima settimana di giugno.

Il primo Giro d'Italia è partito il 13 maggio 1909 alle ore 2:53 del mattino da Milano. Le tappe erano otto per un totale di 2448 km! Si chiama "giro" perché attraversa molte delle regioni italiane. Nel corso degli anni è diventato sempre più famoso fino a raggiungere una fama mondiale. Nel 1931 è nato il riconoscimento "maglia rosa" cioè una maglietta di colore rosa come *La Gazzetta dello Sport* (il più importante giornale sportivo in Italia) che viene assegnata quale simbolo del primato in classifica. Nel 1933 viene istituito il Gran Premio della Montagna con le salite dei quattro passi dolomitici. Questa è la parte più dura e impegnativa ma anche la più seguita e amata del Giro d'Italia.

Il ciclismo è, insieme al calcio, lo sport più seguito in Italia.
Nel tuo Paese, quali sono gli sport che coinvolgono maggiormente il pubblico?

Attività 4 >>

Completiamo con l'Imperativo adatto e indoviniamo che cosa reclamizzano questi slogan pubblicitari.

1. DIRE

Non _________ niente di te: _________ solo il tuo segno zodiacale e io ti rivelerò il tuo futuro!

2. COMPRARE / FATICARE

_________ un aiutante tuttofare: non _________ più! Scegliete il meraviglioso XYZ!

3. PENSARE / TRATTARE / BERE

Noi che facciamo una vita stressante, _________ al nostro corpo! _________ bene con *Burp!* _________ *Burp*, e saremo come nuovi!

4. VOLARE / STARE

Hai sempre la testa fra le nuvole? _________ con noi! E _________ tranquillo! Pensiamo noi a tutto!

Un'idea in più

L'insegnante si procura delle riviste dove gli studenti possono trovare alcune pubblicità nel cui testo siano presenti le forme dell'Imperativo. Dovranno quindi riutilizzarle a loro volta per inventare nuovi slogan o testi pubblicitari.

Buon divertimento!

A lezione di scuola guida

- Buongiorno, signor istruttore, **scusi** il ritardo, ma c'era una coda per ritirare la pensione...
- Buongiorno signorina De Lollini. Oggi abbiamo poco tempo per la lezione, perciò **si accomodi** subito al posto di guida! Dobbiamo imparare la manovra di parcheggio...
- Sì sì, va bene signor istruttore, però **non mi agiti**, per favore, altrimenti mi viene il tremito, e poi **si ricordi** che con la mia sciatica mi muovo lentamente...
- Certo che me lo ricordo, signorina. **Si allacci** la cintura, mi raccomando! Ora **metta in moto**... brava, **inserisca** la marcia indietro... no! Non la quinta! **Metta** in folle e **riprovi**, su!
- Mamma mia! E qual era la marcia indietro? **Me lo dica** Lei, giovanotto, **sia** gentile.
- Allora: **spinga** il cambio a destra e indietro, e ora rapidamente, **dia** gas... ma non così, **rallenti**, **rallenti** per carità! Ma mi vuole ammazzare, benedetta signorina?
- Uff! Che paura! Meno male che ha tirato il freno a mano!
- Su, **si riprenda** e **ricominciamo**.
- Oddìo, il cuore: **senta**, Lei ha perfettamente ragione, come sempre, però adesso **faccia terminare** questa tortura! **Abbia** pietà di me!

Attività 5 *Parliamo insieme*

> Secondo te, quanti anni ha la signorina De Lollini?
> Fino a che età è possibile ottenere la Patente di guida, nel tuo Paese?
> Come si fa per ottenerla? Tu, ce l'hai?

Parole parole...

A proposito di guida...

Colleghiamo le espressioni di senso contrario:

rallentare	la retromarcia
ingranare la marcia	spegnere il motore
mettere in moto	accelerare
la prima	dare gas
frenare	mettere in folle

Idea! Facciamo il punto!

Nel dialogo della scuola guida abbiamo incontrato un'altra forma di Imperativo: si tratta dell'Imperativo formale, cioè l'Imperativo della forma di cortesia[1].

Es. ***Scusi**, posso entrare?*
***Permetta** che mi presenti: Ingegner Sinistri.*
***Si accomodino** pure, il dottore arriverà subito.*

Ecco l'Imperativo formale dei verbi regolari:

	CANTARE	PRENDERE	SENTIRE
Lei	cant - i!	prend - a!	sent - a!
Loro	cant - ino!	prend - ano!	sent - ano!

Ecco l'Imperativo formale dei verbi ausiliari:

	ESSERE	AVERE
Lei	sia!	abbia!
Loro	siano!	abbiano!

Attenzione!

Con l'Imperativo formale, a differenza di quello diretto, i **pronomi** si mettono prima del verbo:

***Si** metta comodo!*
***Mi** chiami pure quando vuole!*
***Mi** dicano, sono a loro disposizione!*

Per ricordare meglio le terminazioni delle due forme di Imperativo più usate (tu/Lei), possiamo osservare la ricetta nel riquadro.

LA RICETTA DELL'IMPERATIVO

	ARE	ERE	IRE
tu	**-a**	**-i**	**-i**
Lei	**-i**	**-a**	**-a**

[1] L'Imperativo formale è uguale al Congiuntivo presente, che affronteremo nel libro **Idea!Due**.

❒ **Nota**: c'è una relazione fra la prima persona del Presente irregolare e questa forma dell'Imperativo.

(io) faccio > (Lei) faccia	(io) salgo > (Lei) salga
(io) vado > (Lei) vada	(io) dico > (Lei) dica
(io) esco > (Lei) esca	(io) bevo > (Lei) beva

ma: (io) so > (Lei) sappia

Attività 6 >>

Coniughiamo i verbi all'Imperativo formale.

1. Se ha freddo signorina Pucci, ____________ (prendere) il mio maglione! **2.** Signora, non ____________ (salire) le scale a piedi, ____________ (venire) in ascensore con noi! **3.** Signor Verdi, ha veramente superato il limite: ____________ (smetterla) subito di comportarsi così! **4.** Se posso darle un consiglio, signora, ____________ (comprare) quella giacca! Le sta veramente bene. **5.** Non ____________ (Lei/dare) retta a ciò che dicono! Sono solo invidiosi. **6.** ____________ (lei/stare) attenta a dove mette i piedi! In Italia qualche volta i marciapiedi sono sporchi! **7.** Pronto, Hotel Cervo bianco. Ma certo, abbiamo ancora una suite libera; ____________ (Lei/dirmi) il suo nome, per favore! **8.** Ragioniere, non ____________ (fare) pazzie! ____________ (scendere) subito da quella finestra e ____________ (venire) immediatamente dentro! **9.** ____________ (stare) tranquillo, signor editore! Il libro sarà pronto certamente per la fine di marzo. **10.** Imputato, ____________ (giurare) di dire tutta la verità su quello che ha visto.

Attività 7 >>

Costruiamo delle frasi nelle due forme dell'Imperativo, diretto e formale, usando le parole date per ogni frase.

1. Tu/entrare/pure ______________________________
2. Lei/accomodarsi/pure ______________________________
3. Voi/aspettare/qui ______________________________
4. Loro/aspettare/un momento ______________________________
5. Lei/fare/un giro per la mostra ______________________________
6. Tu/guardare/che bei vestiti ______________________________
7. Lei/andare/a destra ______________________________
8. Tu/girare/ a sinistra ______________________________

Come si dice...

Al Pronto Soccorso.

Medico: «Buongiorno, si sdrai e mi racconti che cosa è successo.»

Paziente: «Vede dottore, stavo correndo sulla spiaggia quando sono inciampato in un sasso e sono caduto. Ho sentito subito un dolore lancinante alla caviglia destra.»

Medico: «Bene, mi faccia vedere.... Hmm è piuttosto gonfia; mi dica se le fa male qui.»

Paziente: «Ahhh... che male! Non mi tocchi più in quel punto! È un dolore insopportabile»

Medico: «Su, su, si rilassi! Altrimenti non riuscirò a farle una diagnosi. Resista ancora un momento!»

Paziente: «Non insista! Non resisto più, basta!»

Medico: «Ho capito, questa è una brutta slogatura ma secondo me non c'è una frattura dell'osso... comunque per sicurezza sarà meglio fare una radiografia. Se non c'è niente di rotto vada in farmacia e compri una benda elastica per fasciare la caviglia. Prenda anche questa pomata e la spalmi sulla parte dolorante. Le prescrivo anche un antinfiammatorio per bocca: lo prenda due volte al giorno dopo i pasti. Stia in assoluto riposo a letto e con la gamba alzata per almeno sette giorni e migliorerà sicuramente.»

Paziente: «Grazie dottore, quanto Le devo per la visita e la radiografia?»

Medico: «Niente, il servizio di Pronto soccorso è completamente gratuito. Arrivederci e si riguardi!»

Paziente: «Sicuramente e ... ancora grazie.»

> Qual è il significato delle parole evidenziate?

Ecco qui di seguito altre parole utili in caso di... emergenza!

siringa	iniezione	cotone idrofilo
antidolorifico	cerotti	ingessatura
fasciatura	disinfettante	flebo

Attività 8 >>

Se ho...		significa che ho...
mal di schiena		colite / diarrea / stitichezza
gesso / ingessatura		gastrite
mal di stomaco		sciatica / nevralgia
mal di pancia		emicrania
mal di testa		frattura / rottura

Attività 9 *Parliamo insieme*

E ora, con la ricetta del dottore andiamo in farmacia e chiediamo quello che ci ha prescritto il medico. Lavoriamo a coppie: uno è il farmacista e l'altro è il cliente; usiamo l'Imperativo formale.

Di tutto un po'

L'età per fare...

Se vogliamo vivere in un Paese in modo responsabile, dobbiamo conoscerne le regole. In Italia, ad esempio, i bambini devono andare a scuola a sei anni e devono studiare per almeno dieci anni. Dopo possono decidere se vogliono studiare ancora o se preferiscono lavorare. Tutti possono comprare alcolici nei supermercati e bere vino e birra anche quando sono molto giovani. Fumare nei locali pubblici è vietato e ci sono multe salate da pagare. I ragazzi italiani possono guidare il motorino a quattordici anni ma per la macchina è necessario aspettare fino ai diciotto anni. Per avere la patente di guida le persone devono sostenere un esame e se hanno un'auto di proprietà devono pagare un'assicurazione e una tassa automobilistica. I cittadini italiani possono votare a diciotto anni.

> A quale età si comincia ad andare a scuola nel tuo Paese?
> I ragazzi possono bere alcolici a qualsiasi età?
> Si può fumare nei locali pubblici? A quale età si può guidare l'auto?

Come si dice...

Colleghiamo le parole con le relative parti del corpo.

testa
collo
schiena
torace
busto
seno
braccia
mani
vita
sedere

occhi
bocca
denti
naso proboscide
fronte
guance
mento
orecchie
spalle

gambe | piedi | ginocchia | dita

Attenzione!

Nel corpo umano ci sono varie parole irregolari. Molte sono maschili al singolare ma femminili al plurale (con una strana terminazione in -a):
il labbro, le labbra - il braccio, le braccia - il ginocchio, le ginocchia
il ciglio, le ciglia - il dito, le dita - l'orecchio, le orecchie - l'osso, le ossa.

C'è anche un femminile con le terminazioni tipiche del maschile:
la mano, le mani.

Attività 10	*Parliamo insieme*

Ti piaci?

> Quale parte del tuo corpo ti piace di più?
> Quale parte invece cambieresti e perché?
> Faresti un intervento di chirurgia plastica?
> Che cosa ne pensi di queste espressioni italiane?
"altezza mezza bellezza"; "anche l'occhio vuole la sua parte"; "bello magro non si è mai detto a nessuno"; "non è bello ciò che è bello ma è bello ciò che piace".

Idea! *Facciamo il punto!*

Un po' di concordanza!*

Adesso, con i Tempi e i Modi verbali che conosciamo, siamo in grado di esprimere frasi e concetti complessi. Basta ricordare questo semplice schema:

T.P.	**P.P. + I. + C.C.**	**P.**	**F.**
Trapassato prossimo	Passato prossimo Imperfetto Condizionale composto	Presente	Futuro

*Es. Ieri Serena mi ha detto (**P.P.**) che oggi sarebbe venuta (**C.C.**) con me dal parrucchiere, ma stamattina ha disdetto (**P.P.**) perché non si sentiva (**I.**) bene e ha deciso (**P.P.**) che verrà (**F.**) la settimana prossima.*

*Es. Dopo che avevo organizzato (**T.P.**) nei dettagli il mio itinerario per le vacanze estive ho dovuto (**P.P.**) cambiarlo improvvisamente perché ora la situazione è (**P.**) diversa: dovrò (**F.**) lavorare anche in luglio e agosto.*

*Es. Il corridore era partito (**T.P.**) troppo velocemente e infatti si è stancato (**P.P.**) subito; adesso fatica (**P.**) a continuare... arriverà (**F.**) al traguardo?*

---

* Nello schema della Concordanza saranno inseriti in seguito (Idea!Due) il Passato remoto, il Trapassato remoto e il Futuro anteriore.

L'albero della concordanza

Non è stata inserita la concordanza con il Tempo principale al Futuro, perché il Futuro composto verrà affrontato in "Idea!Due". Ricordiamo comunque che questa concordanza si usa con meno frequenza e naturalezza.

Cose da ricordare

Il passato rispetto al presente si fa con il Passato prossimo o con l'Imperfetto.
Il passato rispetto al passato si fa con il Trapassato prossimo.
Il futuro rispetto al presente si fa con il Futuro semplice.
Il futuro rispetto al passato si fa con il Condizionale composto.

Attività 11 >>>

Inseriamo i verbi seguenti al Modo e al Tempo giusti. Scegliamo fra Presente, Futuro, Passato prossimo, Imperfetto, Trapassato prossimo, Imperativo, Condizionale semplice e composto.

Pietro: «Simone, ma che cosa ________________ (succedere)? ________________ (noi/avere) appuntamento un'ora fa! Ieri ________________ (tu/promettere) che oggi ________________ (arrivare) puntuale!»

Simone: «Sì, lo ________________ (io/sapere). ________________ (accadere) una cosa incredibile; se te la ________________ (io/dire), non ci ________________ (tu/credere) mai!»

Pietro: «________________ (tu/essere) sempre il solito: dài, ________________ (raccontare) tutto.»

Simone: «Allora, un'ora fa ________________ (io/guidare) per venire qui da te, quando improvvisamente ________________ (io/vedere) una ragazza stupenda che ________________ (fare) l'autostop. Tu che cosa ________________ (fare) al mio posto? Non ________________ (io/potere) lasciarla là da sola!»

Pietro: «Sì, sì, ti ________________ (io/conoscere) bene. Quando ________________ (tu/vedere) una bella donna... beh, ________________ (non sapere) resistere; ma ________________ (tu/andare) avanti.»

Simone: «Dunque... ________________ (io/fermarmi) e ________________ (darle) un passaggio. Ma appena ________________ (lei/salire) in macchina, ________________ (io/riconoscerla). ________________ (essere) Dorotea!»

Pietro: «Chi?»

Simone: «Dorotea, la mia ex-compagna di classe al liceo!»

Pietro: «Ma, scusa, non ________________ (lei/essere) una ragazza bruttina e insignificante?»

Simone: «Anch'io _______________ (ricordarmela) così. Invece adesso _______________ (lei/essere) uno schianto! _______________ (lei/dimagrire) un po', _______________ (vestirsi) alla moda e poi... _______________ (avere) un fascino particolare.»

Pietro: «Allora?»

Simone: «Allora _______________ (noi/parlare) lungo la strada, più tardi _______________ (io/chiederle) se _______________ (lei/volere) bere un caffè e poi... _______________ (noi/fissare) di rivederci di nuovo!»

Pietro: «E quando?»

Simone: «La prossima settimana! _______________ (noi/andare) a Parigi e _______________ (visitare) una mostra di impressionisti. E poi Parigi _______________ (essere) sempre Parigi: là tutto _______________ (potere) succedere!»

Pietro: «Cooosa? Ma non ti ricordi? La prossima settimana _______________ (noi/dovere andare) insieme a Londra per vedere la partita! Quando _______________ (tu/fissare) con Dorotea _______________ (sapere) già che io _______________ (prenotare) due mesi fa questa gita! E pensare che proprio ieri _______________ (tu/dirmi) che _______________(tu/preparare) già la valigia!»

Simone: «È vero, hai ragione: la valigia _______________ (essere) pronta: _______________ (io/usarla) per andare a Parigi con lei. E non preoccuparti per la partita, mezz'ora fa _______________ (io/telefonare) a Claudio: è felicissimo di venire a Londra con te a vedere la nostra squadra del cuore!»

Punto e ... a capo!

Inseriamo i verbi ai tempi e modi giusti.

1. Sappiamo che domani sera _____________ (esserci) un bel concerto all'Arena. **2.** Ieri non _____________ (io/potere) andare al pic-nic con Girolamo e Santina perché il giorno prima _____________ (prendere) un altro appuntamento. **3.** Non ho avuto il coraggio di dire a mio marito che oggi _____________ (arrivare) mia madre e che _____________ (restare) da noi per un mese e mezzo. **4.** Quando _____________ (io/frequentare) il liceo, i miei amici _____________ (dire) sempre che in futuro _____________ (io/diventare) un'insegnante. **5.** Non abbiamo festeggiato il nostro anniversario: eppure _____________ (promettermelo). **6.** Agli inizi della sua carriera, nessuno immaginava che _____________ (avere) tanto successo.

Inseriamo i verbi ai Tempi e Modi giusti.

Fulvio: Ti amo! Fuggiamo insieme e ci sposiamo / sposiamoci / sposiamo subito, amore mio!
Clorinda: ...
Fulvio: Ci compriamo / compriamoci / compriamoci una barca e andiamo / vadiamo / andiamoci a vivere sul mare!
Clorinda: ...
Fulvio: Ci facciamo / fammi / facciamo tanti bambini e isoliamo ci / isoliamocci / isoliamoci dal resto del mondo!
Clorinda: Ma non farmi / mi fa' / fammi ridere! Piuttosto, vammi / vacci / mi va a prendere un gelato!

Fotografo: Ferma così... bene... ora voltiti / ti volti / voltati di profilo e sorrida / sorridere / sorridi!
Modella: Sono stanca: facciamo / fa' / facci una pausa!

Cameriere: Buonasera, Signori. Accomodino / Accomodatevi / Si accomodino prego: il Loro tavolo è pronto.
Clienti: Grazie. Ci porta / Ci porti / Portaci subito il menù: abbiamo fretta!

Roberto: Ti prego, nonnino, mi compri / comprami / comprarmi la Play Station, per il mio compleanno... Sei / Sii / Essi buono...
Nonno: Ti ho detto di no. Non insisti / non insistere / non insista! Ti regalerò una bicicletta!

Segretaria: Mi dice / Mi dica / Dimmi Direttore!
Direttore: Signorina: disdica / disdici / disdimmi tutti gli appuntamenti di oggi e non mi disturbare / non disturbarmi / non mi disturbi per nessun motivo!

Maestro di yoga: Vi mettete / Mettetevi / Mettete comodi e rilassati, liberate / vi liberate / liberare la mente dai problemi e non pensare / non pensate / non pensatevi a nulla...
Allievi: Ommmmmmm...

Testiamoci

Idea!Uno

Test 1 — *Testiamo... gli articoli determinativi.*

Inseriamo gli articoli il; l'; lo; la; i; gli; le.

1. __Il__ gatto di Loretta è bianco e nero.
2. __Le__ amiche di Ilaria sono simpatiche.
3. __L'__ orologio di Marco è indietro di 10 minuti.
4. __Il__ telefono suona in continuazione oggi!
5. __L'__ erba del mio vicino è verde e profumata.
6. __Lo__ zaino di Pietro è pieno di libri.
7. __Gli__ architetti progettano i palazzi.
8. __Lo__ studente di Iacopo è intelligente.
9. __I__ divani di Leonardo sono rossi e blu.
10. __La__ zona dove abitiamo è molto silenziosa.

IL
L'
LO
LA
I
GLI
LE

Test 2 — *Testiamo... gli articoli indeterminativi.*

Inseriamo gli articoli un; uno; un'; una.

1. Siamo felici perché abbiamo __una__ bella casa.
2. L'Italia ha la forma di __uno__ stivale.
3. Il cavallo è __un__ animale meraviglioso.
4. Giorgio mangia molti dolci: è __un__ golosone!
5. Clara è veramente __una__ donna interessante.
6. Mia cugina Nicoletta è anche __un'__ amica sincera.
7. Per attaccare il quadro ho bisogno di __un__ martello.
8. In __uno__ stagno vivono molti animali diversi.
9. Ho fatto tutti gli esercizi in meno di __un'__ ora!
10. "Sei pronta, amore?" "Solo __un__ minuto, caro".

UN - masc sing

UNO

UN' - fem

UNA

Test 3 *Testiamo... i nomi e gli aggettivi.*

Formiamo il plurale.

1. La borsa di Gina è costosa ______________________
2. La bottiglia d'acqua è sul tavolo ______________________
3. La saponetta è rosa e profumata ______________________
4. Lo studente ha la cartella rossa ______________________
5. Il video in tv è noioso ______________________
6. La sciarpa di Riccardo è lunga ______________________
7. Il cappello di Cinzia è elegante ______________________
8. Il dolce di Patrizia è buono ______________________
9. Il libro di storia è interessante ______________________
10. Lo zio di Valerio è gentile ______________________

Test 4 *Testiamo... i verbi.*

Inseriamo i verbi indicati e decliniamoli alla forma Presente.

La mia vita __________ molto semplice, a volte quasi banale. __________ sempre presto, poi, dopo colazione __________ con Beatrice. Lei mi __________ sentire sempre bene. __________ presto a casa e Beatrice __________ via perché __________ andare al lavoro. __________ sola tutto il giorno, ma __________ passare tante persone e alle 11:00 __________ anche il postino. Alle 12:00 arriva la mamma di Beatrice, la mia dolce nonna Antonia che di solito mi __________ tante cose buone da mangiare. Alle 17:30 __________ finalmente Beatrice e insieme __________ a correre nel parco, __________ a palla e poi di nuovo a casa. Io __________ felice, tanto felice... In fondo io __________ un cane, ma tu, uomo, con tutto quello che __________, con la tua cultura e la tua superiorità, con il tuo ingegno e le tue ricchezze, __________ essere felice come me?

Fare
Giocare
Uscire
Vedere
Fare
Essere
Tornare
Essere
Portare
Alzarsi
Andare
Dovere
Rimanere
Arrivare
Ritornare
Andare
Sapere
Essere

Test 5 *Testiamo... i verbi.*

Inseriamo i verbi. Presente o Passato prossimo?

1. Ieri ____________ (io/andare) al cinema con Massimiliano e oggi ____________ (decidere) che ci ____________ (noi/tornare) perché ____________ (esserci) il nostro film preferito: "La voce della luna" di Fellini. **2.** Non ____________ (voi/dire) a Fulvia che ____________ (io/incontrare) Marco; ______________ (io/pensare) di farle una bella sorpresa. Lui ____________ (arrivare) stamattina e lei non ____________ (sapere) ancora niente. **3.** Se ____________ (tu/venire) con me alla festa di domani, ti ____________ (io/promettere) che poi ti ____________ (aiutare) a studiare chimica. Allora? **4.** Due giorni fa ____________ (io/fare) una telefonata a casa di Mariangela e ____________ (io/sapere) che ____________ (lei/trasferirsi) in Austria. **5.** Gino e Luca ____________ (perdere) il treno per Napoli e ____________ (arrivare) alla conferenza in ritardo.

Test 6 *Testiamo... le frasi.*

Ricomponiamo le frasi nel giusto ordine.

1. piacciono il i con molto cioccolato dolci mi. **2.** montagna quando vanno in amici i tuoi? **3.** corridoio chi in ragazzo al quel è fondo? **4.** il cosa fine-settimana che prossimo facciamo? **5.** compleanno mio organizzare quest' una voglio anno per festa bella il. **6.** funghi al preferite i o ai pesto ravioli le trenette? **7.** per biglietto un buongiorno, Buenos Aires vorrei aereo. **8.** tre kg mese sport fatto molto ho il scorso dimagrito e sono. **9.** Gino dove Elisabetta ad andranno sposeranno, si abitare quando e? **10.** Cina mi più libero piacerebbe la e tempo avere visitare. **11.** chi con quando passavi vacanze le eri estive piccolo? **12.** riflessione tanto di ogni pausa fa prendersi piccola una bene. **13.** e in una Piera, settimana andiamo Scozia chiediamo di ferie? **14.** Lino ventiquattro è perché stato anni a si è in soli bravo laureato medicina. **15.** hai bene questo quindi a sei studiato riuscito esercizio fare. **16.** gli d'infanzia rivedere veramente amici sarebbe bello. **17.** tempo voluto dirtelo ma ho avrei non prima avuto. **18.** già partito siamo fermata, alla quando era l'autobus arrivati.

Test 7 — *Testiamo... le preposizioni.*

Scegliamo la giusta preposizione semplice o articolata.

1. ____ aprile vado sempre una settimana ____ campagna. **2.** Vado ____ studiare ____ Mirko: ____ lui mi trovo veramente bene. **3.** Ho cominciato ____ studiare l'italiano tre anni fa ____ università. **4.** ____ museo ____ Bargello ci sono tante sculture ____ marmo. **5.** Perché invece che ____ ristorante indiano non andiamo ____ pizzeria? **6.** Le scarpe ____ ginnastica sono indicate ____ fare sport. **7.** Devo scappare! Il mio treno ____ Salisburgo parte ____ mezz'ora. **8.** Ilaria ha lasciato il suo libro ____ geografia ____ autobus. **9.** Hai cominciato ____ frequentare il corso ____ storia ____ arte? **10.** Quando finisco ____ pulire, esco ____ Vanda ____ fare spese. **11.** Uscite ____ questo tempo? Sì, ma andiamo ____ macchina. **12.** Mia sorella ha deciso ____ smettere ____ fumare. **13.** Il professore ____ matematica sarà assente ____ alcuni giorni. **14.** La festa ____ stasera è ____ casa ____ Andrea. **15.** Passerò le vacanze ____ Natale ____ montagna.

Test 8 — *Testiamo... le preposizioni.*

Scegliamo la giusta preposizione.
Semplice o articolata?

☒a. ☒b. **?**

1. Claudio e Sirio vanno	☐a. a cinema	☐b. al cinema
2. Loro vanno ogni domenica	☐a. in chiesa	☐b. nella chiesa
3. Ragazzi, perché non festeggiamo	☐a. a ristorante?	☐b. al ristorante?
4. Tutti i martedì e giovedì vado	☐a. in piscina	☐b. nella piscina
5. In estate andremo in vacanza	☐a. in campeggio	☐b. nel campeggio
6. *La gioconda* è esposta nel museo	☐a. di Louvre	☐b. del Louvre
7. Sono stanco: preferisco salire	☐a. con ascensore	☐b. con l'ascensore
8. Se stai male perché non vai	☐a. da medico?	☐b. dal medico?
9. Ogni venerdì andiamo a ballare	☐a. in discoteca	☐b. nella discoteca
10. Mark e John hanno fatto il giro	☐a. di mondo	☐b. del mondo
11. Se piove andiamo a scuola	☐a. in macchina	☐b. in la macchina
12. Ogni tanto ci troviamo a bere	☐a. a bar	☐b. al bar
13. Porto la mia vecchia auto	☐a. da meccanico	☐b. dal meccanico
14. Giorgia abita a Porretta Terme	☐a. in via Moro	☐b. in la via Moro
15. Questo test è rivolto	☐a. a studenti	☐b. agli studenti

Test 9 — *Testiamo... il testo.*

Uno studente ha scritto a un suo amico italiano, ma ha fatto qualche errore. Puoi aiutarlo a correggere la lettera?

Caro Fernando, _____ 

oggi ho arrivato finalmente in Firenze. È proprio la bella città e sono molto felice di essere qui.
Io e Carol abito a un piccolo appartamento sul quarto piano. È un bella casa con una cucina piccolo e un bagno grande. Le nostre camera sono grande e hanno un balcone. Per andare alla scuola dobbiamo prendere un autobus e arriviamo in quindici minuti.
La nostra classe è molto bello: siamo dieci studenti, due ragazze giapponese, un ragazzo turco, due ragazze russe e tre ragazzi svizzero.
Ci sentiamo la prossimo settimana, così possiamo vederci.
Ciao e a presto.

Brian.

Test 10 — *Testiamo... le parole.*

Proviamo a sostituire le parole, i verbi e le espressioni sottolineate con dei sinonimi.

1. Oggi faccio io da mangiare ____________________
2. Vado a letto, muoio dal sonno ____________________
3. Domani facciamo le pulizie ____________________
4. Ciao, vado a fare due passi ____________________
5. Il viaggio? È stato un'odissea! ____________________
6. Quel film è una vera barba ____________________
7. Ho deciso di rimodernare la casa ____________________
8. Il tuo è un vero colpo di fulmine! ____________________
9. Leggere mi piace un mondo ____________________
10. Questa canzone è un tormentone ____________________

Test 11 *Testiamo... un po' di tutto.*

Scegliamo la frase giusta.

1.Questa è la foto ☐a. dei miei nonni.
☐b. di miei nonni.

2. Vado ☐a. a Parigi in treno.
☐b. in Parigi con treno.

3. La vita ☐a. ha diventato troppo cara.
☐b. è diventata troppo cara.

4. I prezzi ☐a. salgono ogni giorno di più.
☐b. salono ogni giorno di più.

5. Metti la lampada ☐a. sul divano.
☐b. sulla mensola.

6. Telefono spesso ☐a. a Maria.
☐b. con Maria.

7. Ieri mattina ☐a. mi ho alzata tardi.
☐b. mi sono alzata tardi.

8. Ho visto Piero e Ivo ☐a. con il loro cugino.
☐b. con loro cugino.

Test 12 *Testiamo... un po' di tutto.*

Scegliamo la frase giusta.

1. C'è una bella torre ☐a. accanto alla chiesa.
☐b. sopra alla chiesa.

2. La rivista femminile ☐a. usce ogni settimana.
☐b. esce ogni settimana.

3. Chi ☐a. ha messo il gatto in soffitta?
☐b. ha mettuto il gatto in soffitta?

4. In gioventù ☐a. ho viaggiato molto in Africa.
☐b. sono viaggiato molto in Africa.

5. Non ho mai problemi ☐a. con i mii genitori.
☐b. con i miei genitori.

6. Ho comprato ☐a. una scarpa di lana.
☐b. una sciarpa di lana.

7. Basta! Ora ☐a. mi hai rotto le scatole!
☐b. mi hai romputo le scatole!

8. Domani mattina ☐a. partirò a Napoli.
☐b. partirò per Napoli.

Test 13 *Testiamo... i verbi.*

Inseriamo i verbi: Imperfetto o Passato prossimo?

1. Ieri, mentre ____________ (io/uscire) di casa, ____________ (incontrare) Samuele che ____________ (andare) a trovare Morgana. **2.** ____________ (stare) a casa di Gianluca? ______________ (vedere) che bell'appartamento ____________ (comprare)? **3.** Ogni mattina ____________ (io/prendere) l'autobus alle 7:12 e ____________ (metterci) sempre tanto tempo per arrivare al lavoro; poi il mese scorso ____________ (comprare) uno scooter e ora arrivo prima. **4.** Quella sera ____________ (io/essere) così triste che ____________ (non/pensare) affatto a quello che ____________ (dovere) fare. **5.** Quando Leonardo ____________ (iscriversi) all'Università di Camerino, ____________ (avere) molti progetti, ma poi ____________ (cambiare) molte cose nella sua vita. **6.** Non ____________ (io/potere) venire perché ____________ (avere) la macchina dal meccanico.

Test 14 *Testiamo... i verbi.*

Inseriamo i verbi scegliendo la forma corretta del Condizionale semplice o del Futuro.

1. __________ (vorrò/vorrei/volerò) andare in vacanza a luglio, ma non so ancora se __________ (averò/avrò/avrei) le ferie. **2.** Noi ___________ (verremmo/verremo) volentieri alla tua festa, ma non possiamo proprio. **3.** Chi __________ (verrai/verrei/verrà) con te al mare domani? **4.** Quando __________ (partirai/partirei/parterei) per il tuo viaggio in Slovenia? __________ (partirò/partirei/parterò) presto. **5.** Ho una fame terribile! Stasera ____________ (mangiarò/mangerei/mangerò) molto al ristorante. **6.** ______________ (crederei/crederai/crederebbe) in te, ma so che dici molte bugie.

Test 15 *Testiamo... i verbi.*

Inseriamo i verbi al Condizionale semplice o composto.

1. ________________ (volere) chiamarti per andare al cinema, ma poi sono dovuta restare a casa a studiare. **2.** ________________ (volere) chiamarti tutte le volte che ho voglia di parlare con te. Posso farlo? **3.** ________________ (andare) volentieri a ballare con Fabio ma non credo che lui mi inviterà. **4.** ________________ (andare) volentieri con Fabio e Sergio a ballare, ma avevo un gran mal di testa. **5.** ________________ (rimanere) lì per ore ma dovevo tornare in ufficio a finire il lavoro. **6.** ________________ (rimanere) per ore a guardare questo splendido panorama. **7.** ________________ (cambiare) volentieri la mia auto, ma i soldi? **8.** ________________ (cambiare) la mia auto ma poi mio padre mi ha regalato la sua!

Test 16 *Testiamo... i verbi.*

Inseriamo i verbi nei seguenti Tempi e Modi:
Presente, Passato prossimo, Imperfetto, Trapassato prossimo, Condizionale composto.

Ieri sera __________ (essere) a casa da sola; mio marito __________ (uscire) con i suoi amici ed io __________ (decidere) di rimanere a casa perché __________ (essere) veramente stanca. Alle dieci mi __________ (telefonare) la mia amica Cristina; __________ (parlare) un po' e poi __________ (fissare) di vederci il giorno dopo: __________ (essere) sicuramente meno stanche! Poi mentre mi __________ (scaldare) un po' di latte __________ (sentire) un rumore che __________ (provenire) dal giardino. All'inizio __________ (pensare) al cane del mio vicino, poi il rumore __________ (ripetersi) e __________ (cominciare) ad avere paura. Non __________ (sapere) cosa fare: __________ (dovere) uscire a vedere o rimanere in casa?
__________ (decidere) di uscire a controllare e...
Oggi __________ (essere) molto felice, perché __________ (avere) un nuovo amico, un gattino piccolo e bianco che __________ (venire) a trovarmi ieri notte nel mio giardino.

Test 17 — *Testiamo... le preposizioni.*

Scegliamo la giusta preposizione semplice o articolata.

1. Mariolino ha preso la cioccolata ed è andato via ______ chetichella. **2.** ______ chi vai ______ vacanza quest'anno? **3.** Ogni giorno in tutto il mondo perdiamo centinaia ______ km^2 ______ foreste. **4.** Sei veramente una brava stilista: ______ quanto tempo fai questo lavoro? **5.** In centro c'è molto traffico: io ci vado sempre ______ bicicletta. **6.** Basta! Ogni notte ______ parco sotto casa mia c'è qualcuno che canta ______ squarciagola! Non è possibile dormire. **7.** Per favore, puoi prendere quel libro ______ quella mensola ______ alto ______ destra? **8.** ______ tutte le persone che conosco, Maura è la ragazza più carina e sensibile. **9.** Daniele, puoi dare un'occhiata ______ tacchino ______ forno? Dovrebbe essere già cotto ______ puntino! **10.** Non è possibile andare avanti così: dobbiamo risolvere il problema discutendo ______ Adele ______ quattr'occhi. **11.** Che cosa cambierei nella mia vita? Così, ______ bruciapelo, non saprei cosa risponderti. **12.** ______ quando sarà pronto il mio abito ______ sera? Mi serve ______ la prossima settimana! **13.** ______ opere di Leonardo ______ Vinci e ______ sua vita avventurosa potremmo parlare ______ lungo e non finiremmo mai ______ scoprire la grandezza di questo artista. **14.** Cari studenti, oggi parleremo ______ un grande poeta ______ antichità: Virgilio. **15.** Compro queste scarpe: non sono proprio ______ buon mercato ma sono ______ pelle e ______ un tacco comodo; inoltre sono ______ ultima moda!

Test 18 — *Testiamo... le preposizioni.*

Scegliamo l'espressione giusta.

1. Bambini, mangiate quanti dolci volete! Ce n'è *a bizzeffe* / *a occhio e croce*. **2.** Non sopporto proprio le cose fatte *a squarciagola* / *alla carlona*. **3.** Da casa mia all'ufficio *a occhio e croce* / *a puntino* ci saranno tre chilometri di distanza. **4.** La festa di Anna era noiosissima e così siamo andati via *alla chetichella* / *a quattr'occhi*. **5.** Lui è un vero pasticcione: fa ogni cosa *a quattr'occhi* / *alla rinfusa*.

Test 19 *Testiamo... i pronomi.*

Inseriamo il pronome.

1. Volete assaggiare delle lasagne squisite? ____ preparo io! **2.** La nostra collega è simpaticissima: ____ presenteremo volentieri non appena ____ incontreremo. ____ troverete irresistibile! **3.** Pinocchio vuole bene alla Fata dai capelli turchini, eppure ____ dice sempre bugie. **4.** Sapevi che sarebbe successo? No, non ____ sapevo ma ____ immaginavo. **5.** Ti ho detto che Gaia aspetta un bambino? No, non ____ avevi ancora detto: che sorpresa! **6.** Se vuoi far____ un regalo, ____ prego: compra____ in una bottega equa e solidale! **7.** Salga, signora: ____ dica dove devo portar____. **8.** Che bella mattina: ____ passerò al parco, per goder____ un po' di pace. **9.** Bambini! Lavate____ le mani col sapone! Non sciacquate____ con l'acqua soltanto! **10.** Anche se gli altri non ____ ascoltano, io ____ credo. Voglio dar____ fiducia, poverina: ____ merita! **11.** Adesso non è il momento di discutere di questo argomento: ____ affronteremo più tardi, se ____ riterremo opportuno. **12.** Di____ alle tue amiche: il loro cane non devono lavar____ troppo spesso né dar____ troppo cibo: non ____ fa bene! **13.** Siete andati all'*Internet point* per scrivere a vostra madre? Sì, ____ siamo andati e ____ abbiamo mandato una lettera molto lunga, che sicuramente ____ piacerà moltissimo! **14.** La camera di Francesca è piena di libri: ____ ha così tanti che ____ deve mettere dovunque: anche sotto il letto! Eppure continua a comprar____ decine e decine!

Test 20 *Testiamo... gli interrogativi.*

Inseriamo l'interrogativo giusto.

Damiano: Ciao Antonio chi non muore si rivede! Ma ________ sei stato?
Antonio: A Bali.
Damiano: __________ ci sei andato a fare?
Antonio: Per lavoro, no?
Damiano: E _______ tempo sei stato fuori?
Antonio: Un mese per lavoro e quindici giorni per vacanza.
Damiano: E con ________?
Antonio: Da solo. Mi sono riposato e ho visitato il Paese.
Damiano: E ________ sei tornato?
Antonio: Ieri sera alle nove.

Test 21 *Testiamo... le parole.*

Scriviamo il contrario delle parole elencate.

Amaro	__________	Grande	__________	Piacevole	__________
Onesto	__________	Sopra	__________	Amare	__________
Arrivare	__________	Noioso	__________	Ottimo	__________
Comodo	__________	Aumentare	__________	Salire	__________
Organizzato	__________	Favorevole	__________	Pari	__________

Test 22 *Testiamo... il testo.*

Uno studente ha scritto a un suo amico italiano, ma ha fatto qualche errore.
Puoi aiutarlo a correggere la lettera?

Caro Fernando, _____

come ti promesso ti scrivo ancora un lettera per ti raccontare le ultime novitè.
Qui a Italia ci troviamo molto bene: le genti sono gentile e abbiamo conoscuto molti amichi simpatici. Siamo visitati posti interessante con l'auto in noleggio. Abbiamo andato a Umbria e a Lazio. Quando eramo in Roma vedevamo molte cose meravigliosi. Prima di partire per l'Italia non sapevamo che vedremmo così tante belle cose!
Abbiamo preso molte foto che tu e Luisella vedete quando incontriamoci la prossima volta a vostra casa.
Un grande abbraccio,

Brian.

Test 23 *Testiamo... i verbi.*

Scegliamo la risposta giusta.
Imperativo diretto e Imperativo formale.

1. Buongiorno signora Ada, a. vieni! / b. venga! **2.** Signori Rossi, prego a. si accomodino! / b. accomodatevi! **3.** Virgilio, a. sta' / b. stia attento quando guidi su quella strada così pericolosa! **4.** Caro paziente, a. prendi / b. prenda queste medicine tre volte al giorno! **5.** Questa è una rapina: a. aprite / b. aprano la cassaforte e a. mettete / b. mettano tutti i soldi dentro a questo sacco! **6.** Per piacere, ispettore, a. apri / b. apra la corrispondenza! **7.** Pierino, a. ascolti / b. ascolta il notiziario alla radio! **8.** Zia Neda, a. assaggi / b. assaggia questo liquore: è un nocino fatto artigianalmente!

Test 24 *Testiamo... un po' di tutto.*

Scegliamo la forma giusta.

1. Quando a. verrai / b. venrai / c. vorrai a casa mia? **2.** Tutti i giorni Gloria a. pule / b. puli / c. pulisce la sua camera. **3.** Stasera a. anderei / b. andrei / c. andrò volentieri a ballare, ma sono molto impegnata. **4.** a. sono salita / b. ho salito / c. salivo a piedi perché l'ascensore era rotto. **5.** Giovanni è più bello a. di / b. che / c. del intelligente. **6.** Nessuno è migliore a. di / b. da / c. che Mirko nella corsa ad ostacoli. **7.** Miriam, a. porti / b. porte / c. porta questo pacco all'Ufficio Postale entro le dieci! **8.** Chi dà questa bella notizia al nonno Carlo? a. glila / b. gliela / c. glielo do io! **9.** Non sapevo che c'eri anche tu al concerto, altimenti ci a. serei venuto / b. sarei venuto / c. sarei venito anch'io. **10.** In questa stanza c'è odore di chiuso: a. apriamo / b. aprimo / c. aprono la finestra!

Soluzioni

Test 1: 1. il; 2. le; 3. l'; 4. il; 5. l'; 6. lo; 7. gli; 8. lo; 9. i; 10. la.
Test 2: 1. una; 2. uno; 3. un; 4. un; 5. una; 6. un'; 7. un; 8. uno; 9. un'; 10. un.
Test 3: 1. Le borse di Gina sono costose; 2. Le bottiglie d'acqua sono sul tavolo; 3. Le saponette sono rosa e profumate; 4. Gli studenti hanno le cartelle rosse; 5. I video in TV sono noiosi; 6. Le sciarpe di Riccardo sono lunghe; 7. I cappelli di Cinzia sono eleganti; 8. I dolci di Patrizia sono buoni; 9. I libri di storia sono interessanti; 10. Gli zii di Valerio sono gentili.
Test 4: è; mi alzo; esco; fa; torniamo; va; deve; rimango; vedo; arriva; porta; ritorna; andiamo; giochiamo; sono; sono; fai; sai.
Test 5: 1. sono andato/a; abbiamo deciso; torneremo/torniamo; c'è. 2. dite; ho incontrato; penso/ho pensato; è arrivato; sa. 3. vieni/verrai; prometto; aiuto/aiuterò. 4. ho fatto; ho saputo; si è trasferita. 5. hanno perso; sono arrivati.
Test 6: 1. mi piacciono molto i dolci con il cioccolato. 2. quando vanno i tuoi amici in montagna? 3. chi è quel ragazzo in fondo al corridoio? 4. che cosa facciamo il prossimo fine-settimana? 5. quest'anno per il mio compleanno voglio organizzare una bella festa. 6. preferite le trenette al pesto o i ravioli ai funghi? 7. buongiorno, vorrei un biglietto aereo per Buenos Aires. 8. ho fatto molto sport il mese scorso e sono dimagrito tre kg. 9. quando Elisabetta e Gino si sposeranno, dove andranno ad abitare? 10. mi piacerebbe avere più tempo libero e visitare la Cina. 11. con chi passavi le vacanze estive quando eri piccolo? 12. ogni tanto fa bene prendersi una piccola pausa di riflessione. 13. Piera, chiediamo una settimana di ferie e andiamo in Scozia? 14. Lino è stato bravo perché si è laureato in medicina a soli ventiquattro anni. 15. hai studiato quindi sei riuscito a fare bene questo esercizio. 16. sarebbe veramente bello rivedere gli amici d'infanzia. 17. avrei voluto dirtelo prima ma non ho avuto il tempo. 18. quando siamo arrivati alla fermata, l'autobus era già partito.
Test 7: 1. in/in. 2. a/da-con/con. 3. a/all'. 4. al/del/di-in. 5. al/in. 6. da/per. 7. per/tra-fra. 8. di/in-nell'/sull'. 9. a/di/dell'. 10. di/con/per. 11. con/in-con la. 12. di/di. 13. di/per. 14. di/a/di. 15. di/in.
Test 8: 1. b; 2. a; 3. b; 4. a; 5. a; 6. b; 7. b; 8. b; 9. a; 10. b; 11. a; 12. b; 13. b; 14. a; 15. b.
Test 9: Caro Fernando, oggi sono arrivato finalmente a Firenze. È proprio una bella città e sono molto felice di essere qui. Io e Carol abitiamo in un piccolo appartamento al quarto piano. È una bella casa con una cucina piccola e un bagno grande. Le nostre camere sono grandi e hanno un balcone. Per andare a scuola dobbiamo prendere l'autobus e arriviamo in quindici minuti. La nostra classe è molto bella: siamo dieci studenti, due ragazze giapponesi, un ragazzo turco, due ragazze russe e tre ragazzi svizzeri. Ci sentiamo la prossima settimana, così possiamo vederci. Ciao e a presto. Brian.

Test 10: 1. cucino. 2. sono stanco/a. 3. puliamo. 4. passeggiare. 5. lungo e difficile. 6. molto noioso. 7. mettere nuovi mobili / rendere più moderna. 8. amore a prima vista. 9. tantissimo. 10. ripetuta all'infinito.
Test 11: 1. a; 2. a; 3. b; 4. a; 5. b; 6. a; 7. b; 8. a.
Test 12: 1. a; 2. b; 3. a; 4. a; 5. b; 6. b; 7. a; 8. b.
Test 13: 1. uscivo/ho incontrato/andava. 2. sei stato,a/hai visto/ha comprato. 3. prendevo/ci mettevo/ho comprato. 4. ero/non pensavo/dovevo. 5. si è iscritto/aveva/sono cambiate. 6. sono potuto,a/avevo.
Test 14: 1. vorrei / avrò. 2. verremmo. 3. verrà. 4. partirai / partirò. 5. mangerò. 6. crederei.
Test 15: 1. avrei voluto. 2. vorrei. 3. andrei. 4. sarei andato/a. 5. sarei rimasto/a. 6. rimarrei. 7. cambierei. 8. avrei cambiato.
Test 16: ero/era uscito/ho (avevo) deciso/ero/ha telefonato/abbiamo parlato/abbiamo fissato/saremmo state/scaldavo/ho sentito/proveniva/ho pensato/si è ripetuto/ho cominciato/sapevo/dovevo/ho deciso/sono/ho/è venuto.
Test 17: 1. alla. 2. con/in. 3. di/di. 4. da. 5. in (con la). 6. nel/a. 7. su/in/a. 8. fra (tra). 9. al/in/a. 10. con/a. 11. a. 12. per/da/per. 13. delle/da/della/a/di. 14. di/dell'. 15. a/di (in)/con/all'.
Test 18: 1. a; 2. b; 3. a; 4. a; 5. b.
Test 19: 1. ve le. 2. ve la; la; la. 3. le. 4. lo; lo. 5. me lo (me l'). 6. __mi; ti; __melo. 7. mi; __La. 8. la; __mi. 9. __vi; __vele. 10. la (l'); le; __le; la. 11. lo; lo. 12. __llo; __lo; __gli; gli. 13. ci; le; le. 14. ne; li; __ne.
Test 20: dove/che cosa/quanto/chi/quando.
Test 21: dolce; piccolo; spiacevole; disonesto; sotto; odiare; partire; interessante; pessimo; scomodo; diminuire; scendere; disorganizzato; sfavorevole; dispari.
Test 22: Caro Fernando, come ti ho promesso ti scrivo ancora una lettera per raccontarti le ultime novità. Qui in Italia ci troviamo molto bene: la gente è gentile e abbiamo conosciuto molti amici simpatici. Abbiamo visitato posti interessanti con un'auto a noleggio. Siamo andati in Umbria e nel Lazio. Quando eravamo a Roma abbiamo visto molte cose meravigliose. Prima di partire per l'Italia non sapevamo che avremmo visto così tante belle cose! Abbiamo fatto molte foto che tu e Luisella vedrete quando ci incontreremo la prossima volta a casa vostra. Un grande abbraccio, Brian.
Test 23: 1. b; 2. a; 3. a; 4. b; 5. a/a; 6. b; 7. b; 8. b.
Test 24: 1. a; 2. c; 3. b; 4. a; 5. b; 6. a; 7. c; 8. b; 9. b; 10. a.

Come usare Idea!Uno

Note per l'insegnante

Idea! nasce dall'esigenza di tre insegnanti di riunire in un unico volume gli strumenti necessari a una didattica pratica e completa. Pratica perché essenziale nelle spiegazioni e di facile consultazione. Completa perché offre tutti gli stimoli necessari all'apprendimento della lingua: saper parlare, saper comprendere, leggere e scrivere.
Non abbiamo aderito a un solo metodo perché sappiamo che non esiste "il" metodo giusto, valido per ogni classe, ma un insieme di approcci e di metodi che soddisfino le esigenze più diverse rispettando i differenti stili cognitivi. Ogni classe infatti, in quanto formata da elementi eterogenei, con i più svariati bagagli culturali, anche a parità di livello, richiede una grande flessibilità di strumenti didattici. Per questo **Idea!** racchiude in sé varie metodologie scelte sulla base di una continua esperienza a contatto con gli studenti e volte a creare gradualmente e senza fatica una solida base all'apprendimento dell'italiano.
Particolare attenzione è stata rivolta all'aspetto ludico/creativo degli studenti, sia nelle specifiche rubriche che negli esercizi, i quali offrono un'ampia scelta di tipologie: dall'esercizio strutturale alla scelta multipla, dal *cloze* all'esercizio guidato, dal *role-play* alle risposte aperte. Ogni attività reca sempre una chiara indicazione del grado di difficoltà (facile >; medio >>; difficile >>>).
Il ritmo di **Idea!** non è costante. All'inizio infatti abbiamo ritenuto opportuno dilatare i singoli argomenti per consentire all'insegnante di lavorare con calma alla costruzione di un substrato lessicale necessario ad affrontare i primi rudimenti della lingua. La memorizzazione dei vocaboli inoltre è facilitata dalla presenza di immagini chiare e divertenti che aiutano lo studente a capire meglio; queste infatti sono più numerose nei capitoli iniziali e diminuiscono con il progredire dello studente.

Tante rubriche in un'Idea!

La presenza di sette rubriche rende il libro immediatamente fruibile e consente una continuità di percorso di unità in unità.
Vediamo in dettaglio le singole rubriche. Lessico e vocabolario tematico sono trattati di volta in volta in ***Parole parole...*** e in ***Come si dice***, mentre la parte esplicativa della grammatica è affidata a ***Facciamo il punto!***; in ***Punto e ... a capo!*** abbiamo la verifica di fine unità. ***Di tutto un po'*** propone, a seconda del contesto, lessico, frasi idiomatiche e/o applicazioni grammaticali, cioè tutto quello che sta a metà strada fra la grammatica e il lessico.
Non mancano poi gli stimoli ludici nella rubrica ***E ora giochiamo!*** perché sappiamo che apprendere divertendosi rilassa l'atmosfera all'interno della classe, migliora la socializzazione e rende più saldo e duraturo quello che viene appreso. La civilizzazione e la cultura italiana trovano il loro spazio nella rubrica ***Italia & Italia*** che affronta in maniera graduale argomenti attuali e interessanti, mostrando la doppia faccia di un Paese moderno ma anche strettamente legato alle sue tradizioni, cercando di non cadere negli stereotipi classici.
Saltuariamente è stata inserita, laddove ritenuta utile, la rubrica ***Un'Idea in più*** che si propone di dare ulteriori spunti e suggerimenti all'insegnante che vuole approfondire un determinato argomento attraverso la produzione orale o scritta.
L'opera si conclude con ***Testiamoci!***, una serie di test grammaticali e lessicali che procedono di pari passo con la grammatica del libro.
Abbiamo inserito anche le chiavi: questo per dare un'ampia scelta all'insegnante sull'utilizzo dei test. Possono essere infatti usati come esercizi aggiuntivi in classe, come test di verifica, nonché come approfondimento personale per quegli studenti che desiderino un ulteriore lavoro al di fuori della classe.

Il perché di alcune nostre scelte.

Sfogliando il nostro libro ci si accorge subito di alcune innovazioni didattiche strutturali.
Nella terza unità il Presente dei verbi regolari è introdotto in tre tempi: prima i verbi in -ARE e -CARE/-GARE, poi le forme in -ERE, -IRE e infine i verbi in –ISC.

Il Passato prossimo è affrontato in due distinte unità: nella prima gli usi del passato e degli ausiliari, nella seconda i verbi con i doppi ausiliari.
Futuro e Condizionale semplice sono stati inseriti all'interno della stessa unità: questo perché hanno in comune le stesse irregolarità e una struttura molto simile.
Anche i pronomi diretti e indiretti condividono la stessa unità per facilitarne l'apprendimento attraverso un confronto immediato.
La concordanza alla fine del libro chiude simbolicamente un percorso di apprendimento.
I Tempi del Passato remoto, del Futuro composto (nonché del Trapassato remoto) sono stati volutamente rimandati a **Idea!Due**: questo perché abbiamo desiderato porre l'accento su un uso pratico e quotidiano della lingua italiana.

Le autrici.

Progetto Lingua Edizioni

Via S. Reparata, 105
50129 Firenze
Tel/fax 055 48 66 44
www.progettolingua.it

Guida ai pronomi	Pronomi personali, relativi, interrogativi, possessivi, dimostrativi e indefiniti. Spiegazioni, verbi e locuzioni con i pronomi, esempi, esercizi e test con chiavi.
L'italiano da soli	Esercizi e test di grammatica italiana. Quattro livelli di difficoltà con chiavi.
Facile Esercizi di grammatica italiana	Esercizi di grammatica italiana dedicati ai livelli elementare e intermedio con chiavi.
Giusto! Test di grammatica italiana	Test di scelta multipla su tutti i temi della grammatica italiana, con tre livelli di difficoltà e chiavi.
Racconti italiani	Quattro racconti di autori italiani contemporanei, con note linguistiche e traduzioni a piè pagina delle parole più difficili in inglese, francese, tedesco e spagnolo.
L'italiano in cucina	Ricette originali della cucina italiana con note linguistiche, esercizi e chiavi. Annesso dizionario della cucina con traduzioni in inglese, francese, tedesco e spagnolo.
Giochiamo in italiano	Cruciverba, rebus e giochi vari per imparare l'italiano divertendosi. Tre livelli di difficoltà con chiavi.

Le storie

Racconti graduati per difficoltà e competenza linguistica

Viva la mamma!	**Livello 1** (elementare). 1.000 parole.
Il caso Rossetti	**Livello 2** (elementare e intermedio). 1.500 parole.
Caccia al passato	**Livello 2** (elementare e intermedio). 1.500 parole.
Gli odori del signor Cotter	**Livello 3** (intermedio). 2.000 parole.
Antonia e le parole	**Livello 4** (intermedio e superiore). 2.500 parole.
Un amore diverso	**Livello 5** (superiore). 3.000 parole.